定年後から
はじまる
生きがいの創造

人生100年時代を生き抜く
ポジティブ心理学の教え

太田 哲二

産業能率大学出版部

はじめに

現在は人生１００年時代といわれるように男女とも平均寿命はとうに80歳を超え90、１００歳まで生きる方も珍しくなくなりました。

私の母も福岡で95歳を超えて一人で暮らしていますが、絵をかいたり編み物をしたり、一人で電車に乗って外出したりして、すこぶる元気です。人間の寿命はわかりませんが１００歳以上まで健康に生きれそうです。

大還暦《だいかんれき》という言葉をご存じでしょうか?還暦の倍で１２０歳のことを言います。最近は遺伝子の研究が盛んで、人はストレスをなくして不摂生《ふせっせい》をしなければ理論的には１２０歳まで生きることができるといわれています。

ただ、ストレス０という人はいませんので、１２０歳までは無理だとしても１００歳近くまでは十分に生きることは可能です。

そうなると、仮に65歳を定年としても、定年後35年もの期間があるわけです。今、この長い時間をどうやってイキイキと幸せに過ごすかが問われる時代となってきました。

ただ、一つ言えることは寿命が延びたとはいえ、健康で充実して生きなければ意味がないということです。床に臥《ふ》せって介護を受けながら点滴などで管だらけになって・・・そうして長生きしてもかえって長生きがつらく感じられるかもしれません。

この介護を受けずに元気で自立して過ごせる期間のことを健康寿命と言います。問題はこの健康寿命をいかにして伸ばすかということです。

シニア世代を楽しく送るためには健康寿命を伸ばすことが肝心です。

私の母も含め健康寿命の長い人はよく観察してみると共通の特徴があります。それは、何歳になっても子供のように知的好奇心が旺盛で何らかの生きがいを持っているということです。

読者の皆さんは「ポジティブ心理学」という言葉を耳にしたことがありますか?

ポジティブ心理学は一言でいうと「人が幸せに生きることを教えてくれる心理学」です。

私はポジティブ心理学を学んで、すごく人生に希望や生きがいを持てるようになりました。

私は定年後、ペンシルバニア大学のマーチンセリグマン教授の提唱するポジティブ心理学を勉強し、現在はポジティブ心理学をベースに、働く人の生きがいや、仕事の意味を研究したり、研修プログラムの開発に専念してきました。

そのプログラムをベースとして企業や自治体で研修の仕事をしたり、大学で教えたりしているうちにあっという間に10年が経過してしまいました。

何かに夢中になっていると時間が立つのを忘れてしまう体験をされた方も多いかと思いますが、これはポジティブ心理学でいうフローという体験です。

よくスポーツの世界でははではゾーンに入るといいますが、似たような意味です。

私自身シニアの仲間入りをしていますが、自分を元気にしてくれたこのポジティブ心理学を研修やセミナーに応用して、現在、働く人の幸せや職場の活性化に活用しています。

ここで得た知見を基に、多くの読者の方々にもポジティブ心理学の福音をお届けしたいと執筆を思いたちました。

この本は副題として「人生100年時代を生き抜くポジティブ心理学の教え」と掲げています。つまりポジティブ心理学をベースにして書かれたものです。

健康寿命を延ばし、シニア世代をイキイキと幸せに充実して生き抜くコツをこの本の中に盛り込みました。

人の寿命はわかりませんので、何歳まで生きられるかは神のみぞ知るですが、私の理想はPPK（ピンピンコロリ）です。

健康寿命が尽きたら周りに迷惑をかけずに、さっさと、あの世に旅経ちたいと思っています。

それこそ、先ほど述べたフロー体験ではないのですが、何歳になっても自分のやりたいことに全力でチャレンジし、自分のこの世での使命を果たし、時が来たら、眠るように大《だい》往生《おうじょう》するのが私の理想です。

ところで、ところで往生という言葉の意味は　この世を去って他の世界に生まれかわること、特に極楽浄土に生まれることを表します（広辞苑）

読者の皆さんは、実在界と呼ばれる「あの世」の存在を信じていますか？

皆さんはそんな体験や死への不安や恐怖を感じたことはありませんか？

私は今桜の花を見ながら執筆していますが、時々、あと何回、桜を見ることができるのだろうかと考えることがあります。一種の無常観でしょうか。

絵の好きな方はご存じかと思いますが、フランスの画家ポール・ゴーギャンが1897年から1898年にかけて描いた「我々はどこから来たのか？われわれは何者か？我々はどこへ行くのか？」という絵画があります。

私たちシニアにとって「私たちが何者で、どこから来て、どこへ行く存在なのか」が分かれば死は怖くなくなるのではないでしょうか？

私は、製薬会社に勤めていた頃、仲の良かった友人や会社の後輩の死に直面しました。「死んだらどうなるのだろう？」「それで終わりなのだろうか？」と死について真剣に考えたことがあります。

当時は仕事柄、大学病院を訪問する機会が多く、懇意《こんい》にしているドクターが何人かいました。その中でも特に仲良くしていたドクターと死について語り合ったことがあります。そのドクターはクリスチャンで、終末医療にも関わっていたので、たくさんの患者さんの臨終に立ち会っておられました。

私とはなんとなくウマが合い、よく話をしました。そのドクターが次のように語った言葉を今でもよく覚えています。

「自分は、これまで多くの人の死に遭遇《そうぐう》してきたが、最近『人の死』や『人がこの世で生きる意味』について考えることが多くなった」

そして「僕の結論は、人間の本体は心（魂）であり、永遠に生き続ける存在だ」と彼は続け、臨死体験の話や退行催眠による前世が実在する話などを聞かせてくれました。

それ以来、私も触発され、死に関するいろいろな本や文献を渉猟《しょうりょう》し、「人は死んでも、それは単なる肉体の死であって、私たちの本体は『この世』と『あの世』を繰り返し転生《てんしょう》輪廻《りんね》しながら進化していく存在だ」ということを確信するようになりました。

「生とは苦難への挑戦、死とは希望に満ちた明るい出発」と、そのドクターはよく口にしていましたが、確かにこの世は仏教でいう四苦八苦の世界であり、一見、自分にとって不都合なことや思いどおりにならないことなど、いろいろな問題が起こってきます。人生は一冊の問題集であるといっても過言ではないと思います。

私たちは日々起こってくる問題を自分の成長のための糧《かて》と捉《とら》え、楽しみながらチャレンジし乗り越えていったときに、達成感や充実感を感じます。それが私たちの幸せにもつながるのです。

そういう一生を送ることができれば、死は、自分に与えられた使命や役割を全うし、本来の世界へ戻れる希望に満ちた明るい門出になるはずです。


この本は、定年後の人生を輝いて生きるための「生き方のノウハウ」を、ポジティブ心理学や私の経験をベースに書いたものです。5章に分かれていますが、ぱらぱらと目を通していただき、興味のあるところからお読みいただいて結構です。定年後の人生の質を高める生き方のヒントを随所にちりばめたつもりです。

これから定年を迎える人も、すでに定年後の人も、「終わった人」にならずに「どうすれば人生のプライムタイムであるシニア時代をワクワク楽しみながら幸せに過ごしていけるか」を一緒に考えていきましょう。

なお、ポジティブ心理学はれっきとした科学に基づくものですが、「シニアの方々が本当に幸せに安らいだ気持ちで生きるためには、スピリチュアルな部分にも触れたほうがよい」と考え、あえて第2章「私たちが地球にやって来た本当の理由」では、生死の意味やスピリチュアルな話題を取り上げています。

この手の話が苦手な方は、どうぞ飛ばして読んでいただければと思います。

この本が定年後を模索《もさく》されている読者の皆さんの生きがいに、少しでも寄与できればうれしく思います。

アップルの創業者スティーブ・ジョブズ氏は、亡くなる前にこんな言葉を残しました。

“Today is my first day of my last life!”（今日は残された私の人生の初日だ！）

今日というこの一日を、悔いのないように思いっ切り楽しく生きましょう！

目　次

第1章

定年後から始まるプラチナ時代

第1節 人生100年時代を生き抜く

1 「定年後」のイメージの変化

読者の皆さんは「定年後」という言葉を聞いて、どのようなイメージを持ちますか？いろいろな答えが返ってくると思います。

「年金はまだ全額出ないし、どうやって食べていこうか」と不安を感じる方、「あり余る時間をどう過ごせばよいのだろう」と戸惑いを感じる方、「やっと自分の自由になる時間が持てた」と解放感を感じる方など、定年後のイメージは実に様々です。

しかし、そうはいっても「定年後のあり余る時間を幸せに、かつ充実して過ごしたい」という願いは、誰しもが共通して持っているはずです。

それを踏まえて、ポジティブ心理学をベースに、定年後のシニアライフをより充実させて幸せに生きるコツを本書で一緒に考えていきましょう。

ポジティブ心理学については「はじめに」のところで少し触れましたが、幸せについて探究する学問です。詳しくは第3章で解説します。

最初に「私たち定年後のシニアにとって、今後どれくらいの時間が残されているのか」を見てみたいと思います。

ここでクイズをひとつ出します。漫画『サザエさん』に出てくる磯野波平《いそのなみへい》さんをご存じですか？　そう、サザエさんたちのお父さんですが、波平さんの年齢は何歳という設定なのでしょうか？

44歳、54歳、64歳の中から選んでください。

実は『サザエさん』は１９４６（昭和21）年４月22日付の夕刊フクニチで連載が始まり、掲載紙の変動や休載をはさみながら１９７４（昭和49）年２月21日付の朝日新聞朝刊まで、なんと６４７７回も綴《つづ》られ親しまれました。

そのころの定年は、ご存じの方も多いかと思いますが55歳でした。

波平さんは定年1年前という設定ですので、54歳が正解です。

②圧倒的に伸びた余命

もうひとつクイズを出します。

「58」「62」、これは何の数字でしょうか？

実は、これは波平さんの時代の男女の平均寿命です。

現在の平均寿命は男性が81・4歳、女性が87・5歳（2020年）ですが、『サザエさん』が始まったころの男女の平均寿命が、男性58歳、女性62歳だったのです。

当時の男性の平均寿命が58歳ということは、55歳で定年後、寿命が尽きるまで平均で残り3年しかありませんでした。

余命というのは「余った命」と書きますが、まさにぴったりの言葉で、当時の定年後は約3年の命しか残っていなかったということです。

ところが現在はどうでしょうか。男女とも平均寿命はとうに80歳を超え、90歳100歳という元気なお年寄りも珍しくなくなりました。

まさに人生１００年時代、私たちの目の前には余命ではすまされない、膨大な時間が横たわっているのです。

イタリアにサルディーニャ島という長寿の島があるのをご存じでしょうか？

この島は、１００歳以上の高齢者が世界で最も多く暮らしている超長寿エリアのひとつとして有名です。統計によれば、この地区の１００歳以上の長寿の割合は、一般的な先進国の10倍にも上るといわれています。

彼らのような常識を超えた若さを保ち続ける人のライフスタイルが科学の観点から研究され、ここ10数年で老化のメカニズムや抗老化の知見など様々なことが明らかになってきました。

最近の遺伝子の研究には目を見張るものがありますが、「ヒト」は理論上、何歳まで生きることができると思いますか？

冒頭にも述べましたが、「ヒト」は、大還暦といって還暦の2倍の１２０歳までは生きることが可能だということが、最近の遺伝子研究でわかってきています。

3 テロメアと長寿の研究

私たちの遺伝子の末端には「テロメア」という部分があります。このテロメアは2009年にアメリカ人の3人の科学者が「テロメアとその維持に関わるテロメラーゼ（テロメアを維持する酵素）の発見」でノーベル生理学・医学賞を受賞したことで注目を集めるようになりました。

加齢に伴い、細胞が分裂を重ねるごとに遺伝子の末端にあるテロメアが短くなることが知られていて、これが細胞の寿命に関与していることから、別名「生命の回数券」または「分裂時計」とも呼ばれているものです。

それでは、なぜ「ヒト」は120歳まで生きられるといえるのか。私たちの体は細胞分裂によって成長し、細胞分裂によって体を維持しています。そして細胞分裂が停止すると細胞は死を迎えます。

細胞分裂のたびに短くなるテロメアが、やがてゼロになると細胞分裂ができなくなり、細胞は死んでしまいます。この、テロメアがゼロになるまでの期間が最近の研究でわかってきて、その数字が120年なのです。すなわち「ヒト」は120歳までは細胞分裂を繰り返して生きることが、理論上は可能だということです。

しかし、現実の人間にはいろいろな悩みやストレスも多く、それがテロメアを維持する酵素にも影響を与えるといわれています。

これが「120歳までフルに生きることが難しい」理由のひとつのようです。

老化のメカニズムや抗老化に関しての話は別の機会に譲るとして、ここで言いたいのは「人間は理論上、100歳以上生きることは可能だ」ということです。

2021年のNHKの大河ドラマ『青天を衝《つ》け』では、実業界の父と呼ばれた渋沢栄一が取り上げられています。

渋沢栄一はこんなことを言っています。

「四十、五十は洟垂《はなた》れ小僧、六十、七十は働き盛り、九十になって迎えが来たら、百まで待てと追い返せ」

平均寿命が現代よりもはるかに短い時代に、江戸から明治、大正、昭和にかけて91歳まで生き抜いた渋沢ならではの言葉でしょう。その時代と比べて人生100年ともいわれる今の世であれば、渋沢なら「六十、七十は洟垂れ小僧」と喝破《かっぱ》していたかもしれません。

他にも、宇野千代さんという作家は98歳で亡くなるまで現役で活躍しました。その最期までお肌がきれいだったそうで、実に亡くなったその年にも本を出版しています。

世界的な書家・美術家として名の知れた篠田桃紅《しのだとうこう》さんは、107歳で亡くなるまで現役で活動されていました。

まさに「八十、九十は働き盛り」という言葉が大げさではなくなる日も近そうです。

④ 健康寿命を延ばすことの大切さ

これから私たちの寿命はさらに延びるでしょう。100歳以上まで生きることが普通になるとすれば、とても「余命」という言葉ではすまされません。定年後には35年以上もの「長い、長い時間」が私たちの前に横たわっていることになるからです。

しかし、この長い時間は、考えようによっては私たちの人生の中で最も恵まれた時間だといえるかもしれません。会社に縛られることもなく、子育ても終わり、自由な時間が増え、まさに人生の中での黄金時代でもあるからです。

ただし、ひとつ大事な条件があります。

それは、いくら寿命が延びたとはいえ、健康を保って充実した生活を送らなければ意味がないということです。


先ほども述べましたが、元気に自立して過ごせる期間のことを健康寿命といいます。介護を受けずに自立した生活を送れる健康寿命は、男性72・4歳、女性74・8歳で、平均寿命（男生81・5歳、女性87・5歳）と比べて実は8～10歳ほど短いのです。

問題は、この「健康寿命をいかにして延ばすか」ということです。

病気をして、足腰が弱り、介護を受けながら長生きしても、家族や周囲に迷惑をかけるからと、かえって長生きすることをつらく感じてしまうかもしれません。

人生最大の好機ともいえる「黄金時代」が「黄金時代」であるための条件は、まずは「健康寿命を延ばすことにある」ということを肝《きも》に銘《めい》じたいと思います。

第2節 人生最大の恵まれた黄金時代

① 定年直後のシニアの心情

私は仕事柄、よくワークショップを開催します。

そのひとつに、定年後のシニアの方々を対象とした「ライフ・クラフティング・セミナー」というものがあります。定年後の人生をクラフトする――クラフトは工芸品ということですが、手づくり感覚の意味があります。すなわち、手づくり感覚で人生を設計していくワークショップのことです。

セミナーで定年直後の感想を聞いてみますと、現在置かれた立場での違いもありますが、それこそ参加者によって様々です。

もちろん、明るく前向きな感想を話す人もいますが、どちらかといえば否定的な感想を話す人のほうが多い傾向にあります。

せっかく今まで元気に仕事をしてきたのに、「ご苦労様。もうこれであなたは必要ありません」と言われて愕然《がくぜん》とした。収入が退職前に比べて激減し、途方に暮れた。限りない未知の時間を目の前にして戸惑い、不安を感じた。

このような、定年を否定的に受け止める人が多いのです。

しかし、どうでしょう。「定年」って、そんなに否定的なことなのでしょうか？

勤め人であれば、定年はどのみち避けられません。だとしたら定年を否定的・悲観的に捉えるのではなく、逆に「チャンス到来！」と前向き・プラス方向に受け止めたほうがはるかに賢いといえます。

本来、定年は素晴らしいことなのです。

なぜならば、今まで頭の上にのしかかっていた窮屈な社会倫理、会社倫理、対人関係など、もろもろのしがらみが、これを機に一気に解放されるからです。

これほどの自由が得られるのに、憂える必要など全くありません。定年後には間違いなく無限の時間が目の前に広がるのですから。

「これを何に使ってやろうか」と考えると、限りなく楽しみが広がっていきます。限りない未知の時間に不安や戸惑いを感じる気持ちもわかりますが、新しい生活に船出する喜ばしきチャンスと考えたほうがはるかに有益です。

2 硬直思考としなやか思考

スタンフォード大学教授キャロル・S・ドゥエックの『マインドセット』（草思社）という本があります。

その中に「硬直思考」と「しなやか思考」と呼ばれる2つの思考法があることが示されています。

「硬直思考」とは、例えば定年直後に見られる不安や戸惑いから来る否定的な思いや考え方です。「もう年だし、これから何かにチャレンジするのはしんどいな」と挑戦することを避けたり、定年を否定的に捉えたりする思考法です。

一方の「しなやか思考」は、別名「成長思考」ともいわれます。

「人はどんなことに対しても、あきらめずにチャレンジし続ければ、何歳になっても自分のやりたいことを成し遂げることができる」と、楽観的に考えることのできる思考法です。
これこそが、定年後シニアの皆さんにぜひ身につけてほしい考え方です。

そのためには「しなやか思考」とあるように、「今、起こっている出来事を柔軟に捉える」訓練が必要です。起こっている事実は一緒ですが、「それをどう認識するか」で人間の幸不幸が変わってくるのです。

よく使われる譬えですが、コップに水が入っているのを見て「まだ半分も残っている」とありがたく感じるのと、「もう半分しかない」と否定的に捉えるのとでは、脳から出てくるホルモンが全く違ってきます。

前者からはドーパミンやセロトニン、オキシトシンなどの「やる気ホルモン」や「幸せホルモン」が出てきますし、後者からはノルアドレナリン、コルチゾールなどの「ストレスホルモン」が分泌されることが、最近の脳科学でわかってきています。

年を取ったら、とことんプラスに物事を捉える訓練をすることをお勧めします。

③ リフレイミングで肯定的な視点を身につける

ちょっとだけミニワークをやってみましょう。

リフレイミング（Reframing）というもので、「Re」は再びの意、「framing」は考え方の枠組みのことです。つまり、物事を捉えている枠組みを外して、違う枠組みで思考し直すことを指します。

一見否定的な見方を、肯定的な見方に置き換える。先ほどの「コップに半分入っている水」の例のように、起こっている事実は同じでも、それをどう捉えるかによって印象は180度変わるということです。

例えば、定年後に感じる不安な気持ちも、その不安な気持ちによって自分の定年後の人生を真剣に考えるきっかけとなり得ますので、必ずしも悪いことではありません。不安があるからこそ「リスクを避けるための戦略を考えよう」という気持ちにもなります。

繰り返しになりますが、起こっている事実は1つでも「それをどう解釈するか」によって脳から分泌されるホルモンも変わってきて、人の幸不幸に影響します。「不安だ」という否定的な捉え方を、「リスクを感じることができてしっかりと対策が取れる」と肯定的に捉え直すこともできます。

同じ出来事であっても、悲観的にも楽観的にも解釈が可能なのです。


なるべくなら脳から「幸せホルモン」が出てくるように、そして定年後が明るく輝けるように、楽観的に考える習慣を身につけましょう。

表1は、そんなリフレイミングの事例です。

例えば雨が降って、それを「嫌だな」と感じるか「慈雨」と感じるか、それによって私たちの幸せ度が全く違ってくるということが、ポジティブ心理学や脳科学でも証明されています。

次に、表2を使ってプラス思考を身につけるリフレイミ

表1　リフレイミング

あいにくの雨	良いお湿りですね
解決できない問題が３つもある	３つの課題を残して他は全部解決した
落ち着きがない	フットワークが豊か
消極的	思慮深い
飽きっぽい	流行に敏感な

ングにトライしてみましょう。左側にネガティブな捉え方が書かれています。それをポジティブな表現に変えてみてください。

いろいろ言い換えられますので、特に正解があるわけではありませんが、表3に模範例を記載しておきます。

なお、リフレイミングはネガティブをポジティブに無理やり置き換えるということではなく、少し余裕を持って物事を別の視点で眺めることができるようになるための訓練

表2　リフレイミング

心配性	
いいかげん	
意見が言えない	
おこりっぽい	
変わっている、変なやつ	
頑固	
きつい感じの	
KY 空気が読めない	
口が軽い	
しつこい	
元気がない	
整理整頓が苦手	
優柔不断	

です。ゲーム感覚でやってみてください。

4 筆者の定年後体験エピソード

私は60歳で定年になりましたが、その直後はまだ年金をもらえる年齢ではなく、まず「5年間をどうやって食べていこうか」というところに意識が向かいました。

ただ、現在は望めば年金がもらえる65歳まで、あるいは今後

表3 リフレイミング

心配性	神経細やかな、慎重な
いいかげん	おおらか、こだわらない
意見が言えない	争いを好まない、思慮深い
おこりっぽい	正義感が強い、情熱的な
変わっている、変なやつ	味のある、個性的、独創的
頑固	一貫性がある、意志が強い
きつい感じの	凛とした、威厳のある
KY 空気が読めない	動じない、マイペース
口が軽い	嘘のつけない、社交的な
しつこい	粘り強い、徹底している
元気がない	充電中
整理整頓が苦手	物持ちが良い、物に愛着を持って大切に
優柔不断	他人の意見を尊重する、視野が広い

さらに70歳までは働くことが可能になりそうです。

私は定年後、これまで働いてきた会社での経験を活かし、人材開発のコンサルタントとして独立しました。そして、紹介された別の製薬会社で人材開発コンサルタントとして働くことになりました。

会社とは自由な契約でしたので、時間を調整することが可能で、いくつかの研修会社に登録して研修講師として働くことができました。

しかし、人材開発コンサルタントや研修講師なる人材は掃いて捨てるほどいて、その中でやっていくには、何かしら自分にしかできないという特徴が必要でした。

私は当時、まだ日本ではそれほど注目されていなかった「ポジティブ心理学」に目をつけました。そして仲間と一緒に「社団法人ポジティブイノベーションセンター（ＣＰＩ）」の活動に参加することになりました。ＣＰＩは日本でのポジティブ心理学の草分け的存在で、「ポジティブ心理学」をビジネスに応用することで働く人の生きがいを見いだし、さらには組織の活性化を支援することを目的とした団体です。

ほぼ毎月のようにポジティブ心理学に関する勉強会やセミナーを開催して、参加するたくさんのビジネスパーソンやコンサルタントの方々と一緒に学びを深めていきました。

こうしてコンサルタントや研修講師として働きながら、「ポジティブ心理学」という専門性を身につけることができたのです。

そして、65歳を超えたところで家のローンも終わり、3人の子供たちも独立し、古希も越えた現在は妻と2人で自由な生活を満喫しています。

今は理事として所属しているCPIや「NPO日本プレゼンテーション協会」でワークショップを開催したり、企業や大学で教えたりと、自分の強みを活かした活動に従事しています。

私の場合も、自分の強みを活かした好きな仕事に従事し始めたことで、意識が大きく変わったと思います。

ほぼ毎日、知的創造活動に関わり、セミナーでの対話や企業での講習、大学での講義を通して、いつも新しい気づきや学びを得られることに感謝の気持ちがあふれくる。そして、これまでの人生を振り返ってみると、「今が人生の中でいちばん輝いているときかな」と思えるようになりました。

ただ、その輝きは、きらきらと華やかな光を放つゴールド（金）というよりは、地味で落ち着いた光を放つプラチナのイメージです。何度か人生の逆境や修羅場《しゅらば》をくぐり抜け、酸いも甘いもかみ分けた人たちが放つ光です。

実際、プラチナなら金ほど派手ではないし、銀ほど地味でもない。私は定年後のシニアのイメージは、金よりもケバケバしさがなく、底光りするようなプラチナがぴったりではないかと感じています。

最近ではプラチナの価格は金よりも下がっていますが、もともとプラチナの値段は金より高く、宝飾品として、また工業用の触媒として重宝されてきました。

加齢に伴って肉体的な輝きは若い人に見劣りしますが、これまでの体験の積み重ねからくる「結晶化された叡知《えいち》」や「思慮深さ」など、精神的な輝きを持った重厚さは金に勝るものがあるように思えます。

あとで触れますが、定年後のシニアには、実際にたくさんの問題解決や逆境を乗り越えてきた体験からくる、結晶化された素晴らしい能力を有していることがわかってきています。

5 ポジティブ心理学の教え　その① 自分らしさ、自分の強みを活かす

定年後の幸せな生き方を、ポジティブ心理学の観点で見てみましょう。

ポジティブ心理学は、「どうすれば定年後の人生において明るく前向きに幸せに活動できるか」ということに関するたくさんのヒントを与えてくれます。

まず、第一に「自分らしさ」や「自分にしかない尖がったところ」を活かすことが幸せに生きるコツだと教えてくれています。幸せな人は本来の自分の強みを知っていて、それを使っている人なのです。

すなわち、プラチナ世代を幸せに生きるコツは、平たくいえば「自分らしい本来の強みを活かして、知的好奇心にあふれ、自由を謳歌《おうか》し、何か夢中になれるものを追いかけること」だと考えます。

これは、これまでのシニアのイメージとはずいぶんと異なります。

それでは、「自分らしい本来の強み」はどうやって見つければよいのでしょうか？

世の中には、「強み」を診断するツールがいくつかあります。

ひとつは私の所属するＣＰＩの仲間で開発した「ストレンクス・ディベロッパー」というもの。これは現時点で生かせる強みを見つけ、さらにこれから強みとして開発できる特性を見つけるツールです。

ポジティブ心理学の研究では、「強み」を使っている人は使っていない人に比べて以下の効果が高いことがわかっています。

・高いモチベーションで成果をつくり出す。
・仕事のパフォーマンス（成果）が高い
・ワクワクし、集中して取り組むことができる（フロー体験ができる）
・無理をしないで力を発揮できる
・自分らしく感じ、充実して、自信を持つことができる
・ストレスに強くなり、困難を乗り越えることができる

「強み」は幸福度を高める大きな要素です。

ストレンクス・ディベロッパーは有料ではありますが、３０００円と手ごろな値段です

ので興味のある方は自分の強みの特性を見つけてみてください。このウェブサイトから受検することができます。

https://positiveinnovation.org/strength-developer/

簡単にその中身を説明しておきますと、39の強みの特性が受験後その場で「イキイキゾーン」「宝箱ゾーン」「着実ゾーン」「努力ゾーン」の4つに分類されて、詳しい解説とともに出力されます(表4)。

時間がなくストレンクス・

表4　STRENGTH DEVELOPER

「強み」があなたの人生をさらに豊かなものにします

STRENGTH DEVELOPERは、
日本で初めて誕生したWeb上で受けられる強み診断開発ツールです。
３９の強みの特性を６つのカテゴリーに分け、
活力と頻度の観点で、４つのゾーンに分類して分析します。

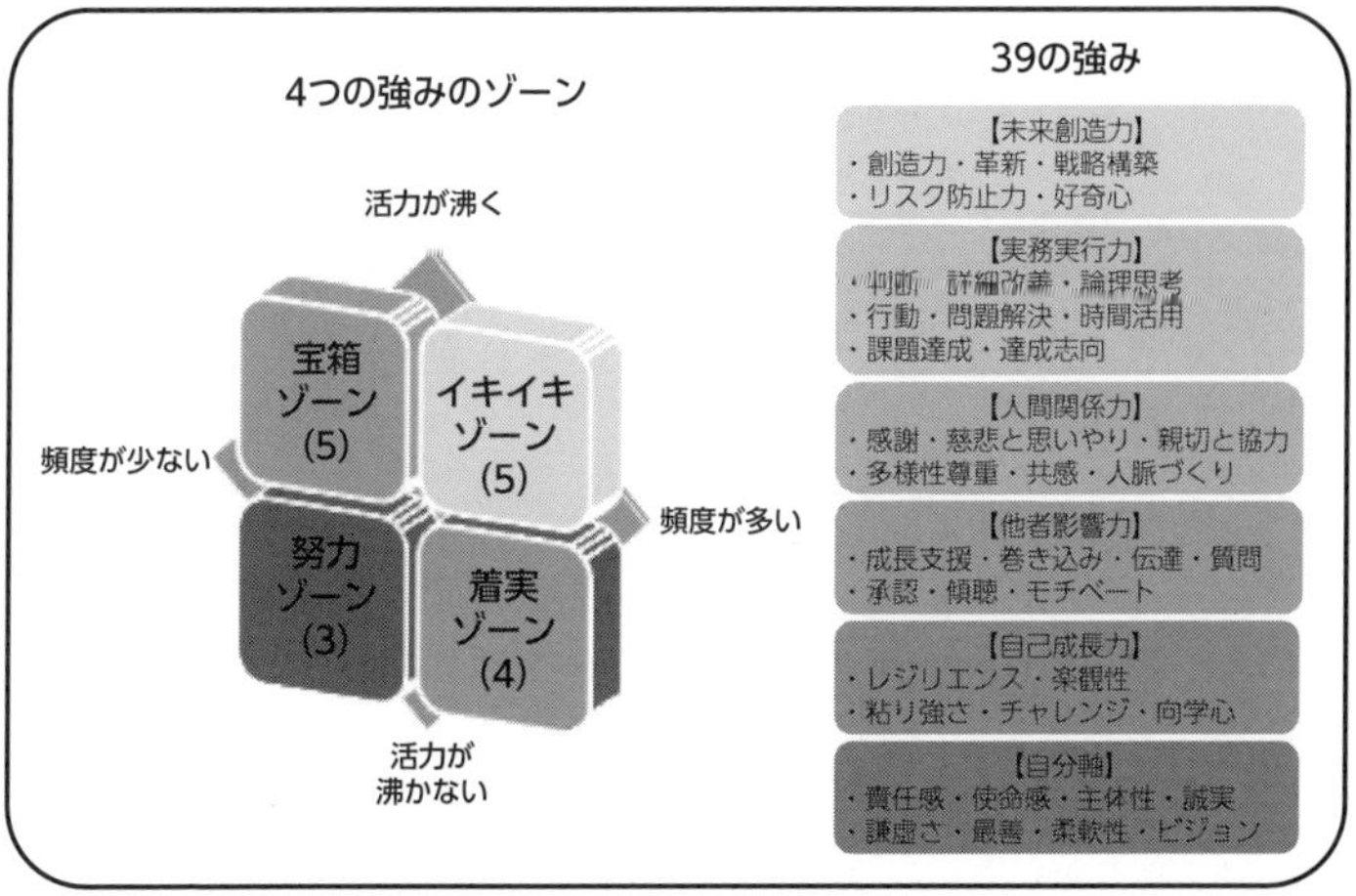

出典：社団法人　ポジティブイノベーションセンター Strength Developer© パンフレット

表5　強み診断開発ツール　Strength Developer（SD）

チェック	強み特性項目	SD 強み特性の定義
	問題解決	現状と目標のギャップを埋めるために、問題解決方法を見つけ、対策を講ずる力
	時間活用	時間を最大限に活用するために、優先順位を決めて重要なことに時間を使う工夫をする力
	論理思考	ものごとを筋道立てて論理的に考え体系化する力
	創　造	新しいものごとを発想し、新たな価値を具現化する力
	好奇心	対象とすることをより深く知ろうとすること。疑問に思うこと、答えが見えないことを探ろうとする姿勢
	慈悲・思いやり	人の苦しみや痛みを理解し、相手のために何かをしてあげたいと思い、行動に移すこと
	共　感	相手の気持ちや心の動きを感じ取り、わが身に置き換えて受けとめる力
	人脈づくり	自分の進むべき分野に関係のある人との交流をはかり、幅広い人脈を築く力
	成長支援	人の成長を信じ、育成に役立つ支援をする
	巻き込み	思いを実現したり、目標を達成するために、人を巻き込み、積極的な協力を得ること
	承　認	相手の言葉や行動、結果に気を留め、「いいところ」を認めること
	楽観性	人やものごとのよいところをとらえること。また、未来の夢を追いかけ、前向きに行動すること
	粘り強さ	一度やると決めたことは、あきらめずにやり抜く力
	チャレンジ	未経験のことや能力以上のことに立ち向かっていく意欲
	向上心	経験したり、学習することで、能力を高めようとする意欲
	責任感	自分が担当する仕事を、自分事として最後までやり切る心構え
	主体性	自分としての思いや考えを持ち、自分が主体となって課題を達成しようとする行動
	誠　実	真心を持って人やものごとに接する態度
	謙虚さ	能力や成果・地位などを自慢することなく、控えめで素直な態度で人に接しようとする心
	柔軟性	考えを固定せず、そのときの状況に合った思考、判断、行動を取ることが出来る能力

出典：社団法人 ポジティブイノベーションセンター所有 Strength Developer© より 20 の強みの特性を抽出

ディベロッパーを受けることができない人のために、表5に39の強みの中から主要な20の強みを挙げておきます。直感レベルで結構ですので「これが自分らしい自分の強みかな」と思われるものを、その強みの特性の中から5つチェックしてみてください（表5）。

後ほど、自分の今後の人生の目標である「セルフ・コンコーダント・ゴール」を作成するときにチェックした5つの強みを使います。

6 ポジティブ心理学の教え　その②　年齢から自由になる

シニアになると、服装が灰色系の地味なものになったり、派手なものを控《ひか》えたりという傾向になりがちです。しかし、年相応に老《ふ》けることは誰にでもできるつまらないことだと、私は考えています。それよりも、読者の皆さんには「年がいのない人」に、ぜひなってほしいと思うのです。

例えば80歳のおばあさんが真っ赤なドレスを着ていると「年がいもない」と笑われます。また、70歳のおじいさんに若い友達ができたら「年がいもないからやめなさい」と、子供や周りの人々などから止められます。

でも、この「年がいもない」とは、いったい誰が決めるのでしょうか。

答えは簡単、「世間」です。日本人は世間体さえ守っていれば安心します。

「みんな地味な格好をしているから、私も地味にしよう」とか「隣がこうしたからこうしよう」とか、私たちは横並びの価値観で考えることに慣らされてしまっているのです。

7 ポジティブ心理学の教え その③ 人と比較することをやめる

ポジティブ心理学は、人と比較することの愚かさを教えてくれます。

地球上には、現在約78億の人がいて、みんなそれぞれ違います。同じ人は一人もいません。

金子みすゞという詩人をご存じでしょうか？　大正末期から昭和初期にかけて活躍した日本の童謡詩人です。26歳という若さで亡くなりましたが、500余りの詩を創り「若き童謡詩人の中の巨星」と西條八十《さいじょうやそ》に称賛されました。

彼女の『私と小鳥と鈴と』という詩の中に「みんなちがって、みんないい」という言葉があります。まさに、人は皆違った考え方や価値観を持っている。すべての人がその人にしかない、かけがえのない「その人らしさ」や「その人固有の強み」を持っているということなのです。

ポジティブ心理学では、これらの強みを活かすことで自己肯定感や自己充実感が生まれ、「幸せを感じることができる」と説いています。

私たちは何も、隣のおばさまやおじさまのために生きているのではありません。皆、自分のために、あるいは自分の愛する人たちのために生きているのです。

人の目ばかり気にして、世間に合わせることばかりを考えているうちに、人はいつしか個性を失い、自分まで見失ってしまいます。いったい誰のために生きているのか、わからなくなるのです。

ぜひ、人と比較することをやめて、自分の強みや価値観に沿って生きるようにしましょう。

第3節 まだまだ新しい出発はできる

① 貝原益軒と伊能忠敬の晩年に学ぶ

私は製薬会社に勤めていたころ、親しかったドクターの影響もあって東洋医学に興味を持ち、漢方やマクロビオティック（食養《しょくよう》）を学んだ経験があります。

読者の皆さんの中にも、貝原益軒《かいばらえきけん》の『養生訓《ようじょうくん》』を読んだことがあるという方がいらっしゃると思います。私も漢方を学んでいるときに、実際に読んでみました。

そしてわかったのは、養生訓は単に健康に関することだけではなく「人の生き方や死に方についても書かれた本だった」ということです。

実はこの養生訓、益軒が83歳のときに書かれた本です。益軒は江戸時代前期から中期に生きた儒学者、本草学者《ほんぞうがくしゃ》（博物学者）であり医師でした。益軒はこの養生訓の中で「人生の幸せは後半にあり。人生は後半の後半にこそ醍醐味《だいごみ》がある」と述べています。

実際に益軒は70歳まで黒田藩に仕え、退官してから著作に没頭しました。78歳のときに益軒と名乗るようになったとされますが、高齢になっても「俺はまだまだやるぞ」という宣言だったのかもしれません。85歳で亡くなるまでに200巻以上もの著述を残しています。

まさに「素晴らしい」のひと言に尽きます。今でいうならば、70歳近くまで会社勤めをして退職してから作家になり、ヒット作をバンバン飛ばしているような人といえるでしょうか。

「人生は後半の後半にこそ〜」という益軒の言葉どおり、退官後の15年間で70歳までの人生の何倍にもあたる、まさに凝縮された人生の醍醐味を味わったのではないでしょうか。

他にも、益軒のように人生の晩年に大仕事を成し遂げた人がいます。歴史にもよく出てくる、読者の皆さんにもなじみの深い、江戸時代末期に日本全土を実測して日本地図を完成させた伊能忠敬《いのうただたか》です。

忠敬の銅像は全国いたるところにあるようですが、私も以前、北海道を旅行して稚内《わっかない》に立ち寄ったときに忠敬の銅像を見たことがあります。

銅像の銘板《めいばん》に書かれていた彼の偉業を読みながら、あらためて「忠敬とはすごい人だな」と思いました。

そのころの私は加齢とともにだんだんと意欲が低下していた時期でもあり、あらためて彼の年齢とその偉業を確認し、勇気づけられたことを思い出します。

忠敬は隠居したあとに50歳で江戸に出て暦学《れきがく》や天文学を学び、その知識を基に55歳から71歳まで日本全国を測量して歩き、日本地図を完成させるという偉業をやり抜いたのです（実際の完成は忠敬の死後）。まさに貝原益軒の「人生は後半の後半にこそ醍醐味がある」という言葉を地でいった「生涯現役の人」でした。

ポジティブ心理学では、この「やり抜く力」についても研究しています。

スタンフォード大学教授のキャロル・S・ドゥエックによって見いだされた「やり抜く力」に必要なのは、端的にいうと情熱と粘り強さです。

そして情熱や粘り強さを得るためには、「そもそも何のために日本地図を作成するのか」

という意味や目的が腹落ちしていることが大切だといいます。志と言い換えてもよいかもしれません。

もともと喘息《ぜんそく》などの持病を抱えていた忠敬は、測量の途中で何度か病床に臥《ふ》せっています。特に中国地方を測量したときには死にかけたほどでした。

しかし、そのようなことではまったく怯《ひる》まず、ただひたすら日本地図が完成したときのことを思い浮かべます。そして「これが国防の要になるのだ」との信念が情熱に変わり、ついに自分の志を成し遂げたのです。

平均寿命がわずか40歳だった時代に55歳から測量を始め、日本地図作成の大業を成し遂げたのは、本当にすごいことだと思います。忠敬が勉強を始めた50歳という年齢は、当時の平均寿命よりも10歳も上なのです。

現代の平均寿命に当てはめてみると、93歳で天文学や測量の勉強を始め、その5年後の98歳で全国測量に出て、120歳になろうかという年齢で日本地図を完成させたことになります。

現代に置き換えると、さらにその偉業のすごさがわかります。

2 余生を輝かせるために生涯打ち込めるものを持とう

ずいぶん前の話ですが、大企業に勤めていた私の友人が突如退社しました。

普通に考えると、好待遇の地位を捨てるのはもったいない選択ですが、彼は田舎で町おこしに携わりながら野菜を育てるなど、とても幸せそうにしていました。

うらやましい生き方だなとは思いましたが、当時の私は3人の育ち盛りの子供を抱えていて、金もかかる時期で、とてもそういう冒険をする勇気はありませんでした。

ただし、定年になると話は別です。

人生100年時代の今、定年後には自分の自由になる膨大な時間が与えられています。この貴重な時間を、退屈を紛らわせるために日がな一日テレビを見たり、ビデオやインターネットにはまったりして費やすのは本当にもったいないことです。

私たち人間は、テロメアの研究で「本来は120歳まで生きられるようにできている」ことがわかりましたが、多くの人はその前にストレスや自己暗示で寿命が尽きてしまうようです。つまり、「自分は仕事もないし、病気だし、お邪魔だし、早く死ななくてはならない」といった否定的な想いが潜在意識の中から生まれてくることに、本来の寿命を全うできない原因があるのです。

したがって、年を取ってからでも決して遅くはありません。知的好奇心や新しい物事に関心を持ち、「貴重な時間をどう活かして、打ち込めるものをいかにして見つけ出すか」ということがとても重要になります。

要するに、何かに打ち込んだり熱中したり夢中になったりできるものを持つことが、幸せな余生を送るための前提になるわけです。

3 本当にやりたいことを探し出そう

繰り返しますが、死ぬ間際まで夢を追っかけ、自分のやりたいことに情熱を燃やし、周りに迷惑をかけることなく、それこそ「ＰＰＫ（ピンピンコロリ）」で大往生することが、シニアにとっての理想だと私は考えています。

年を取ってもかくしゃくとして人生を生き切りたいものです。

そのためにも、貝原益軒や伊能忠敬などの先人の生き方を参考にして、彼らの現代版を実践してみてください。情熱や生きがいを持って世の中のお役に立ち続けることが本当の幸せにつながる。それはポジティブ心理学でも証明されています。

ただし、「貝原益軒や伊能忠敬のような偉人と比べられても困る」という声が聞こえてきそうですので、「私たちが本当に心の底からやりたいことをどうやって見つけたらよいのか」という点について話を進めていきたいと思います。

私たちに与えられた時間は、ある意味その人の命そのものです。

だからこそ、今からでも決して遅くはないので、自分の本当にやりたいこと、情熱を傾けたいことを見つけて、そこに自分の貴重な時間を費やすようにしましょう。

そこで注目していただきたいのが、自分の人生を振り返ってみて、かつて興味をひかれた、あるいは関心を持ったものの中に、自分の才能が隠れているのではないか、ということです。

つまり、過去において興味や関心を持ったものの中に、違う職業に就《つ》いたために捨ててきたものや実行できなかったものが必ずあるはずです。本当はもう少し勉強したかったのに、それがかなわず、十分に開花させられなかった……。

例えば、「本当は絵が好きだったのに、普通に就職したために絵はあきらめた」「本当は音楽が好きだったのに、その道で食っていく自信がなくて捨ててしまった」「本当は小説を書きたかったが、周りの人に『小説では食べていけない』と説得され、サラリーマン人生を定年まで続けてしまった」など、いろいろなケースがあったかと思います。

それを思い出して、もう一度かつての夢に取り組んでみるのもひとつの方法です。

すべてにいえることですが、人生において「遅すぎる」ということはありません。たった今からでも、新たに出発することは可能です。人生100年時代なのですから、なおさらです。

定年後、「もう晩年だし、今から始めるにはもう遅い」と、挑戦できるはずのいろいろなことをあきらめてしまうのは実にもったいない。10年後20年後に、「あのとき始めておけばよかった……」と思うこと必定《ひつじょう》です。

全く新しいチャレンジでも、10年も集中して打ち込めば誰でもそこそこにはなれるもの。新しいプロジェクトや仕事でもよいでしょう。趣味の世界であれば、茶の湯や陶芸、料理、音楽、歴史、文学……と、何でもよいのです。情熱を持てるものに挑戦してみてください。

第4節 定年後に成し遂げたい夢に向かって進んでいこう

① セルフ・コンコーダント・ゴールを探す

ポジティブ心理学は、人が自分の生き方を本当に心の底から肯定できるのは「真の欲求に結びついた目標に向かって邁進《まいしん》しているときだ」と教えてくれています。

このような、自分が本当に心の底からやりたい目標のことを、ポジティブ心理学では「セルフ・コンコーダント・ゴール（self-concordant goal）」と呼んでいます。

セルフ・コンコーダントとは、「自己と一致した」という意味です。したがって、他人が成功している姿を見て単純に「自分もやってみたい」と思うのは、表面的な憧《あこが》れであり「偽りの願望」に過ぎません。

自分の欲求に深く根差した目標とは、自分の内面からあふれ出て、本心から肯定できるものであることが重要です。自分の心の中にある信念や関心と一致している必要があります。

セルフ・コンコーダントを満たした目標を立てられれば、「真の目標」つまり人生の目的を見つけることも可能になってきます。

私は仕事としても、「心からやりたい」というセルフ・コンコーダント・ゴールを探すセミナーを実施していますので、そのアプローチ法を簡単にご紹介しましょう。

自分が残りの人生で本当にやりたいこと、つまり自己一致したセルフ・コンコーダント・ゴールとは何かを考えるときに、最初に軸となる自分らしい「強み」や自分が大切にしたい「価値観」を考えてみることが重要です。

「強み」に関しては、先ほどストレンクス・ディベロッパーという診断ツールを紹介しました。表5の20の「強み」の中から、自分らしいと思われる「強み」を5つピックアップしてください。

表6として、自分軸を見る「強み」と「価値観」が記入できる図も掲載しましたので、「こ

れが自分らしいな」と思われる強みを5つ記入してみましょう。

次に、自分軸のもうひとつの要素、価値観について考えてみましょう。

価値観とは何でしょうか？　それは人生において最も大切にしたいことです。

「人生において最も大切なことは、最も大切なことを、最も大切にすることである」と、『7つの習慣』（キングベアー出版・2013）の著者であるコヴィー博士は言っています。当たり前のように聞こえますが、私を含め人はなかなか自分の価値観に沿って行動できていないようです。

表6　自分軸の表

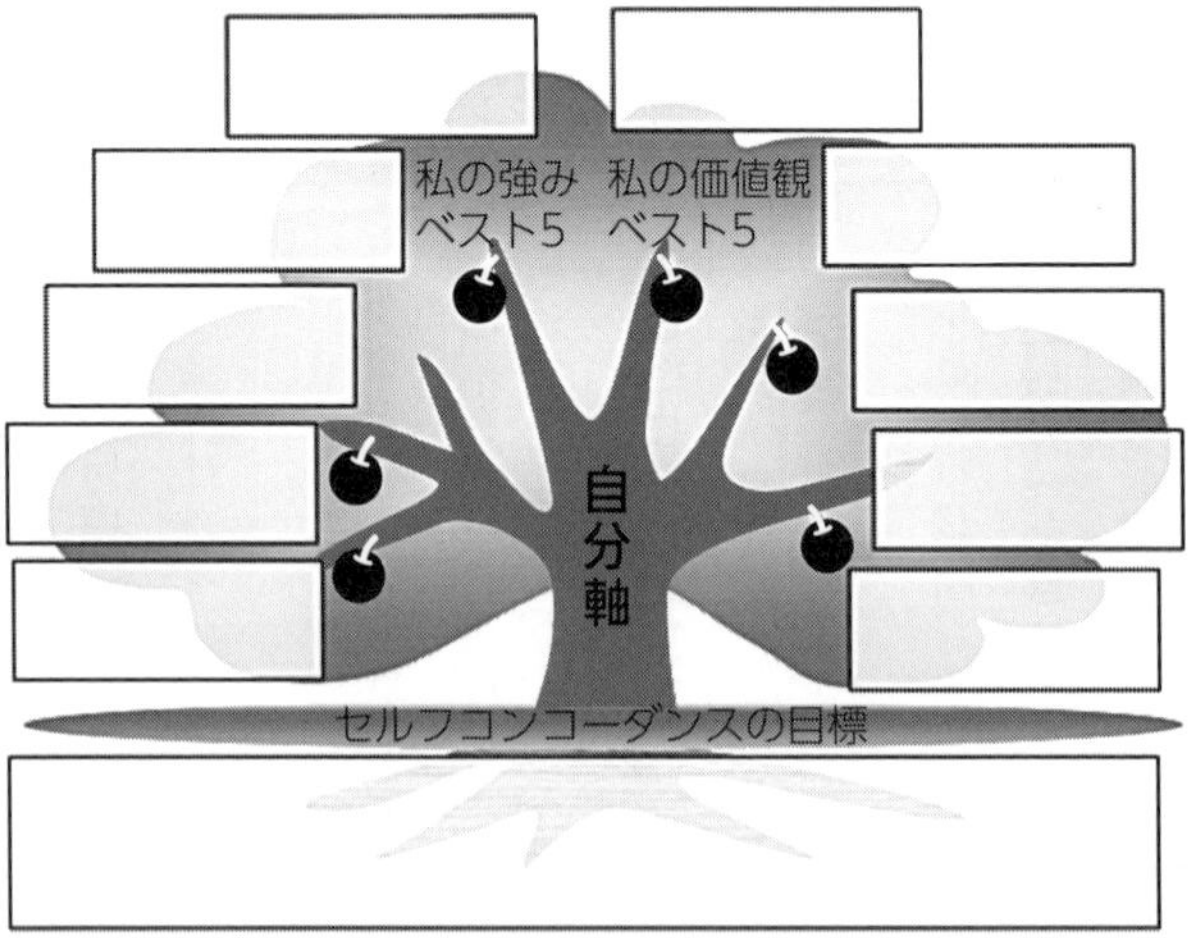

出典：一般社団法人 ポジティブイノベーションセンター末吉進氏作成

コヴィー博士は「Great（最良）の敵はGood（良）」であるとも述べています。どういう意味かといえば、私たちはたくさんの「よいこと」に目をくらまされて「最も大切なこと」をおろそかにしてはいないか？　という警鐘《けいしょう》なのです。

私は仕事柄たくさんの勉強会やワークショップに参加する機会があります。もちろん、参加すればそれなりの学びはあり、それは「よいこと」です。しかし、ひょっとして、たまには家族と過ごすことのほうがもっと大切なことなのかもしれません。

私たちは、何かを選んだら何かを捨てなければなりません。その判断基準が価値観なのです。

価値観には優先順位があります。状況によっても順位は変わってきますが、普段から私たちは何を大切にしているのかを注意して見ておく必要があります。

表7に価値観ババ抜きから引用した60個の価値ワードを載せています。

この中から自分が大切だなと思う項目を5つ選んで、先ほどの自分軸の表に書き込んでみましょう。強みと価値観がわかると「自分は何者で、この人生で何を成し遂げたいのか」という問いへの回答がなんとなく見えてくるようになります。

この自分軸を基に、自分のセルフ・コンコーダント・ゴールを考えていきます。

ただし、ここで注意しておいてほしいのは、ポジティブ心理学者タル・ベン・シャハーの言葉です。彼はその著書の中で『収入を増やす』とか『何かを買う』のような経済的な目標のほとんどが、自分の本来の欲求に根差したものではない』と述べているのです。

表7 さまざまな価値観

60の価値ワード					
1	愛	21	最高	41	知識
2	安定	22	優雅	42	チームワーク
3	一体感	23	実践	43	努力
4	学び	24	利益	44	発見
5	オリジナリティ	25	自由	45	熱心
6	宇宙	26	純粋	46	ふれあい
7	革新	27	情熱	47	プロフェッショナル
8	完全	28	シンプル	48	チェレンジ
9	思いやり	29	ゆとり	49	やすらぎ
10	かわいらしさ	30	真理	50	つながり
11	希望	31	礼儀正しさ	51	スリル
12	優しさ	32	成長	52	躍動
13	クオリティー	33	誠実	53	バイタリティー
14	謙虚	34	新しさ	54	共感
15	規律	35	全力	55	美
16	堅実	36	洗練	56	コントロール
17	パワー	37	創造	57	バランス
18	貢献	38	達成	58	構築
19	勇気	39	楽しさ	59	おもしろさ
20	効率	40	探究	60	秩序

出典：「価値観ババ抜き」（山口雅史氏作成）より引用

収入を増やして得たお金で本当は何をしたいのか？　買った物をどう役立てて自己実現を図るのか？　心の奥の奥にある声を、ワークを通じてじっくりと聞くことが大切です。

２ セルフ・コンコーダント・ゴールのワーク

それでは「強み」「価値観」の自分軸をベースに、読者の皆さんも自分の正真正銘やりたいこと「セルフ・コンコーダント・ゴール」を探すワークを、表８を使ってやってみてください。

手順は以下のとおりです。

①先ほど表６に記入した「強み」と「価値観」をこちらにも書き出す。
②自分が「できること」深く考えずにできるだけ多く書き出す。
③①②を参考にしながら、自分が「やりたいこと」をたくさん書き出す
④③で書いた項目の中から、自分が「本当にやりたいこと」を選ぶ
⑤④で書いた項目の中から、「本当に、本当にやりたいこと」を選ぶ

表8 真の目標：セルフコンコーダント・ゴール

① 自分の強みと価値観を書き出す（自分と一致していると思えるもの5個づつ記載する）
② 自分が好きなこと、趣味や資格なども含めて得意なこと、出来ることをできるだけたくさん書き出す
③ ①②を参考にしながら、「自分がやりたいこと」をたくさん書き出す
④ ③から自分が「本当にやりたいこと」をいくつか選ぶ
⑤ ④から自分が「本当に、本当にやりたいこと」を最終的に選らぶ 第5章の弔辞の言葉のワークも参考にしながら、自分の最後の時を思い浮かべ、死ぬ前に悔いが残らないようにするために、本当にやりたいことに絞るあなたのセルフコンコーダント・ゴール（一つに決め打ちせずに複数あっても良い）

表9　真の目標：セルフコンコーダント・ゴール記入例（著者の事例）

① 自分の強みと価値観を書き出す（自分と一致していると思えるもの５個づつ記載する）

強み：創造、好奇心、成長支援、向上心、人脈作り
価値観：宇宙、自由、成長、つながり、美

② 自分が好きなこと、趣味や資格なども含めて得意なこと、出来ることをできるだけたくさん書き出す

人を育てる、ワークショップの開催、ポジティブ心理学、ホリスティック医学、鍼灸、イトーテルミー温熱療法、漢方、快医学、カイロプラクティクス、産業カウンセラー、コーチ、ファシリテーター、組織開発、カウンセリング、コーチング、プレゼンテーション、ファシリテーション、マインドフルネス（瞑想）スピリチュアリズム、製薬業界の人脈、霊界の知識、聖書の知識、自然に浸ること、世界遺産巡り、英語、バイオリン、コーラス、囲碁、温泉、ゴルフ、スキューバダイビング、フェイスブック…

③ ①②を参考にしながら、「自分がやりたいこと」をたくさん書き出す

ポジティブ心理学をベースとしたセミナーの開催、若い人の育成：大学で教える、塾などで英語を教える、海外の日本語学校でビジネススキルを教える、日本語教師の資格を取る、ポジティブ心理学やリーダーシップの本を書く、家やアパートを整理整頓する、アマチュアオーケストラやコーラスグループに参加する、東洋医学をベースとした健康に関する勉強会を企画する、家内と世界遺産巡りをする、貧困の子供たちの支援をする…

④ ③から自分が「本当にやりたいこと」をいくつか選ぶ

若い人の育成：大学で教える、塾などで英語を教える、海外の日本語学校でビジネススキルを教える、日本語教師の資格を取る、ポジティブ心理学やリーダーシップの本を書く、家やアパートを整理整頓する、コーラスグループに参加する、健康に関する勉強会を企画する、家内と世界遺産巡りをする、貧困の子供たちの支援をする…

⑤ ④から自分が「本当に、本当にやりたいこと」を最終的に選らぶ

第５章の弔辞の言葉のワークも参考にしながら、自分の最後の時を思い浮かべ、死ぬ前に悔いが残らないようにするために、本当にやりたいことに絞るあなたのセルフコンコーダント・ゴール（一つに決め打ちせずに複数あっても良い）

家の中の整理整頓、人を勇気づける本を書く、家内と世界遺産巡りをする、若い人の育成

このようにどんどん絞っていき、最終的に⑤に書かれたことが、自己と一致したセルフ・コンコーダント・ゴールになります。

紙とペンさえあればすぐにできるワークです。読者の皆さんも、以下の「自分らしさを活かして、生涯を通してやってみたい目標を考える」ワークのやり方を参考にして、セルフ・コンコーダント・ゴールを書き出してみましょう。

●今日が人生の最後の日だと思って、自分の人生でやってみたいことを考えてみる。第5章の表3の弔辞の言葉も参考になります。

●自分の強みや価値観を参考にしながら、それをやっているとき、あるいは達成できたときを想像するとワクワク感があるかどうか。それを指標に、①~⑤の手順に従って書いてみる。

●シニアにとっての目標は人によって様々です。別に立派なものである必要は全くありません。皆、違っていていいのです。今の状況で、本当にやりたいことを探してください。

●例えば、健康寿命を高めることが重要ですので、そのためにやりたいことを考えてみるだけでも価値があります。メタボ解消のために減量に挑戦するとか、毎日、瞑想や運動をするなどの、ささやかな目標で結構です。

●セルフ・コンコーダント・ゴールは、一つに決め打ちするのではなく複数あった方がうまくいくようです。

私のセミナーの参加者から出てきた事例を、参考のために挙げておきます。

・海外旅行30か国を目指す
・これまで行ったことがない日本全国の島めぐりをする
・四国のお遍路さんに参加する
・禅寺で月1回座禅会に参加する
・世界中のマラソン大会に出場する／まずはホノルルマラソンを目指す
・毎日1万歩以上歩くことに挑戦する
・体重を90キロから70キロまで落とす
・健康な体を取り戻す／断酒・禁煙・ダイエット・運動
・ＮＨＫの語学番組を参考にスペイン語に挑戦する
・昔やっていたギターで「アルハンブラ宮殿の思い出」を弾けるようになる

・昔、憧れていたピアノに挑戦してみる
・地区のコーラスグループに参加する
・ベートーベンの第九を歌う会に参加する
・月1回の句会に参加する
・好きだった絵を描き、毎月1回、地区の展覧会に出展する
・日本の百名山を制覇する
・自分史を書いて出版する
・日本語教師の資格を取る
・英語通訳、英検の資格を取る
・産業カウンセラー、コーチングの資格を取る
・公認会計士、税理士の資格を取る
・近くの塾で子供たちに英語を教える
・これまでの企業での経験や学んだことを活かしてセミナーを開催する
・ＩＴの知識を活かしてパソコン教室を開く
・異業種交流会を開催する

・貧困の子供たちを支援するボランティア団体に参加する
・自殺防止の「いのちの電話」のボランティアをやる
・インドのマザーテレサの家で奉仕活動をする
・シニア海外ボランティアに応募して海外で自分の専門性を役立てる
・自然農法で野菜の栽培に挑戦してみる
・これまでの経験を活かして新しく起業する（庭師、研修講師、ＩＴ関連など）
・民生委員をする
・闘病記録をＳＮＳで発信する

読者の皆さんも、これらを参考に自分のセルフ・コンコーダント・ゴールを探してみてください。

3 シニアにとってのロールモデル

２０１７年にお亡くなりになりましたが、聖路加《せいろか》国際病院の名誉院長だった日野原重明《ひのはらしげあき》先生をご存じでしょうか？　100歳を過ぎてなお現役で自ら先頭に立ち、高齢者が活躍できる社会の実現を目指して活躍されていた素晴らしいドクターです。

日野原先生は105歳まで生き抜かれましたが、最後まで本を書くためのインタビューに答えるなどお元気で、最後も眠るように亡くなられたそうです。まさしく「PPK（ピンピンコロリ）の生涯」を送られた、私たち定年後シニアのロールモデルとなられる方ですね。

私は日野原先生と、実は何回かお会いしたことがあります。

先生は100歳近くなっても講演をされたり、ご自身の主催される海外の学会へも参加されたりしていました。

講演会では「聖路加国際病院では決してエレベーターは使わず、階段を使っている」「私の予定帳は5年先まで一杯なので、少なくとも5年間は生き抜く覚悟だ」と、演壇の上をエネルギッシュに歩き回りながら話をされる姿が印象的でした。

先生のご自宅でお会いしたこともあります。

先生の次男のお嫁さんである日野原眞紀さんは、日野原先生と同居され、講演会や学会にも介助のために同行され、日野原先生の最期も看取《みと》った方です。

眞紀さんはコミュニケーションやマナーなどの研修講師でもあり、田園調布の日野原先生の家で講師仲間と勉強会も開催されていて、私も何回か参加しました。そのときに日野原先生ともお会いして、言葉を交わしたことがあります。

その頃は車椅子姿でしたが、知的な雰囲気とともに、慈愛に満ちた眼差しが今でも忘れられません。

読者の皆さんは「葉っぱのフレディ～いのちの旅～」というミュージカル劇を見たことはありますか。春に生まれた葉っぱが、夏に人々に憩いを与え、秋に目を楽しませ、冬に散るまでの短い生命を通して〝いのちの尊さ〟を描いた物語です。

同時に、その散った葉っぱの栄養分が、また新しい葉っぱを生み、いのちは永遠に続いていく…という「生命の循環」や「地球環境」までをも描いた「いのち」の物語でもあります。

実はこのミュージカル劇は日野原先生の企画・原案によるものです。アメリカの教育学者レオ・バスカーリアの原著「葉っぱのフレディ」の翻訳を読まれて「これはミュージカルにすればもっと多くの子供達やその親御さんに感動を招くのではないか」とミュージカルの脚色原本を書かれました。

『「ひとはどこから来て、今、どうあり、これからどうなるか」この命題について、私たちは多くの人々と共に、もっと深く考えなくてはならない』『「葉っぱのフレディ」の物語の中には、人間が生きることの全てが含まれているように思います。「劇を通して、生きるとは何か、死ぬとはどういうことか、命とはなにか」を人々にわかりやすく伝えたい』と日野原先生はおっしゃっておられました。

第2章で「あの世の世界／転生輪廻」について語りますが、定年後シニアにとっても、命がこの世とあの世を循環していることを教えてくれる非常に示唆に富んだミュージカル劇です。今はYouTubeでも見ることができます。一度、見てみることをお勧めします。

他にも、私たちシニアが目標としたい有名人としては、75歳、80歳でエベレストに登頂された三浦雄一郎さん。

90歳でミリオンセラーを出された作家の佐藤愛子さん。

今も「徹子の部屋」などの番組で活躍されている黒柳徹子さん。

その他、70歳を過ぎても元気で活躍されている北大路欣也さん、吉永小百合さん、倍賞千恵子さん、日野正平さん、ビートたけしさん、タモリさん、加藤茶さん、高田純次さんなど、たくさんの方々を目にします。

以前、「徹子の部屋」で元気の秘訣を聞かれた黒柳さんは、「焦らないこと」と「人と比べないこと」を挙《あ》げていました。ポジティブ心理学の知見と一緒だなと感心しながら見ていました。

何も有名人ばかりではありません。私の周囲を見渡すだけでも、ロールモデルになる人物はたくさん存在します。

会社の大先輩で、専門の薬学の英語辞書を編纂《へんさん》したり、随筆を書いたりしている人がいます。合間に歌を本格的に習っていて、会うとギターの弾き語りを聞かせてくれるのです。

定年後、小さいころから好きだった絵を本格的に描き始め、毎月のように展覧会で入選を果たして喜んでいる友人もいます。

会社の元同僚は大学の客員教授として経営学を教えています。先日久しぶりに会いましたが、孫のような年齢の学生に取り囲まれて若々しくイキイキとしていました。

定年後に本格的にオペラを学び、70歳を過ぎてから舞台で演奏会を開催した学生時代の同期もいます。

さらに、薬剤師なので調剤薬局での仕事はあるはずなのですが、なぜか日本語教師の資格を取り、タイの日本語学校で教えている会社の後輩もいます。

ときどき日本に帰ってきますが、若い人たちに日本語と英語を使って日本語を教える楽しさを語ってくれます。給料は安いけれど、週1回ゴルフができて、若い人を育成する喜びが与えられ、「定年後の今が一番充実していて楽しい」と言っていました。

また、私の学生時代の友人で、日本三百名山を制覇し、海外の百名山制覇《せいは》にチャレンジしていた男がいます。彼は現役時代、商社マンで世界を回っていました。ところが、パーキンソン病になってしまったのです。だんだん歩けなくなってきて車椅子生活になってしまいました。

先日、大学の同窓会があり、彼は車椅子姿で参加しました。普通は病気になると、どことなく負い目があり、同窓会に参加する人は少ないのではないかと思います。同窓会では自慢話のようなものも、結構多かったりしますから。

しかし、彼は病気のことも一切隠さず「そのうちｉＰＳ細胞による治療が発達すれば、俺の病も克服できるさ」と、明るく爽《さわ》やかに振る舞っていました。

2次会のカラオケにも積極的に参加しました。彼は山男で歌がうまく、もともとは低音でよい声をしていましたが、病気のためか声が伸びず、声を絞り出すようにして歌っていました。それでも彼の必死に生き抜こうとする姿は同窓生の胸を打ちました。

彼は今、自分史を書いているようです。彼のセルフ・コンコーダント・ゴールは、希望を持って回復に向けて闘病することと、自分史を書くこと、そしてときどき私たち同窓生に感動を与えてくれることでしょうか。


セルフ・コンコーダント・ゴールとは、何も有名人のように目立つことであればよいというものではありません。それぞれの状況に応じて、自分らしい夢や目標を目指すことこそが大切なのです。

他と比較することは幸せにとって全く意味をなさないことを、ポジティブ心理学は教えてくれています。

自分のセルフ・コンコーダント・ゴールを見つけた人たちに会うと、皆とても若くて目が輝いています。彼らを見ていると、「生きがい」や「やりがい」を持っていると人は若返るし幸せに生きられるのだということを実感させられます。

読者の皆さんも、自分の生涯にわたるセルフ・コンコーダント・ゴールを見つけて、さらにご活躍されることを期待しています。

第5節 シニアならではの結晶化された知恵を活かす

①「加齢に伴い脳の機能は低下する」は本当か？

「年を取ると認知能力が落ちる」とはよくいわれることですが、読者の皆さんの中にも、年を重ねるに従ってもの忘れを自覚するようになった、という方もいらっしゃると思います。「将来、認知症にならないだろうか」「最後まで記憶・判断能力が低下せずに暮らしていけるだろうか」といった不安もあるのではないでしょうか。

かつては、学習能力や適応能力などの脳の機能を司る「知能」は、成人期を迎えたあと加齢とともに衰退すると考えられていました。「20歳を過ぎると脳細胞が1日に20万個ほど死滅する」などと教わったこともあります。

神経科学の分野では、長らく「若いときに生成された脳細胞は成人してから新たなニューロンを新生することはない」ともいわれていました。

しかし、ご安心ください。最近の研究で、「何歳になっても脳は若返る」ことが知られてきました。米国の研究者ジェセフ・アルトマンによって１９９０年代後半に、成人の脳でも新たな細胞が生成できることが立証されたのです。この脳細胞生成のプロセスは「神経生成」と呼ばれています。

この事実は私たち定年後シニアにとっての朗報です。

私たちは何歳になっても「自分の脳をつくることができ、脳を再生することができる」可能性があるということだからです。

脳科学者の茂木《もぎ》健一郎《けんいちろう》氏も「脳は青天井だ」とおっしゃっています。

どんなに高齢になっても、集中して新しいことを学んだり新しいことに挑戦したりすると、脳の記憶を司る海馬の領域に新しいニューロンが新生され、軸索《じくさく》が伸びて他の神経細胞とつながっていく。その様子をテレビ番組で見たこともあります。

私たち定年後シニアは「年だからもう無理」と考えずに、「脳は青天井なのだ」と信じて、何歳になっても自分のセルフ・コンコーダント・ゴールに向かって新たに挑戦していくことが大切です。

もうひとつ、シニアにとっての朗報があります。

近年、研究が進められたことによって、高齢期における知能の変化には「衰退する側面」と、高齢まで「維持・強化される側面」の両面があるということがわかってきました。

前者の、衰退が見られる知能はＧＦ（General Fluid Intelligence）「一般流動性知能」と呼ばれ、計算力や暗記力など、新しい場面への適応が要求される能力です。

この能力は30歳代にピークに達したあと、60歳ごろまでは維持されます。そして、それ以降は急速に低下するといわれています。

一方、後者の高齢期まで維持・強化される知能はＧＣ（General Crystalized Intelligence）「一般結晶性知能」と呼ばれ、語彙力《ごいりょく》や判断力、問題解決能力など、年を重ね経験を積み重ねることによって培われ、強化されていく知能です。

未来志向的で適切な判断や決断を導く能力でもあります。

２ シニアだけが持つ、体験に基づく素晴らしい能力

55歳の伊能忠敬が日本地図作成のための最初の一歩を踏み出したとき、多くの人が「あの年で完遂するのは難しいのではないか」「途中で挫折するのではないか」と思っていました。

しかし、彼は見事にこれを成し遂げたのです。

実は、困難に満ちたこの業績に関しては「単に頭のよい若い人では難しかっただろう」とされています。なぜなら、若い人には体験に伴う高度な判断力が不足しているからです。

私たちの毎日は、ある意味で問題解決の連続といっても過言ではありません。私たちは日々いろいろな問題に直面し、時には解決するのが難しい課題や、修羅場に近い逆境も体験してきました。

また、単に問題解決能力だけではなく情緒の面でも、例えば「喜びに打ち震える」「感動で涙する」「人に共感する」など、たくさんの体験を積んできました。シニアは、そうした過程を通して培ってきた、人の気持ちを察したり人の気持ちに寄り添ったりするＥＱ

（心の知能指数）的な能力が高まっています。

EQとは、IQが「知能」の発達を表すのに対して、仕事へ取り組む姿勢や人間関係への関心の度合いなどを、「感情」という視点から評価するものです。最近では環境適応能力や仕事に対するモチベーションなどを判断する基準として、企業の採用や人材育成などの判断材料にもなっています。


私たちシニアには、人生の荒波を曲がりなりにも乗り越え逆境に打ち勝ってきた、たくさんの体験に基づく素晴らしい能力があります。それは若い人には及びもつかない、GC（一般結晶性知能）と呼ばれる結晶化された高度な判断力・決断力なのです。

ただ、それでもシニアの中には、定年後に「なんだか足腰が弱ってきてスタミナが切れてきたな」とか「物忘れが多くなったな」と、自信をなくされている方もいるかと思います。

これは前述のGF（一般流動性知能）の低下によるものです。

しかし、自信を持ってください。

以前テレビ番組で、脳科学者の沢口俊之さんが「団体のトップや大学教授、政治家などに年寄りが多いのは、高度な判断力や決断力は若い人では無理で、こういう酸いも甘いもかみ分けたシニアが適任だからだ」と話しているのが印象に残りました。

「彼らはだてに年を取っているのではなく、高度な判断能力を有している。若者が一般に『ワカゾウ』なのは、GF（一般流動性知能）が高いとしても、社会的な経験や知識などが乏しく、高度な判断や決断力が求められるGC（一般結晶性知能）が十分ではないからだ」と熱く語っておられるのを聞いて、「なるほど」と思ったものです。


現に大統領という職務は高度な判断力や決断力が必要とされますが、アメリカの大統領はトランプさんもバイデンさんも70歳を超えています。

また、ものすごく高度な判断力と決断力が必要となるアメリカの最高裁判事には定年がありません。任期は「死ぬまで」なので、かなりの高齢者が判事を務めています。

日本の政治家や最高裁判事なども同様です。「脳の機能は加齢に伴い衰えるだけ」と考えている人も多いかもしれませんが、実は私たち定年後シニアには、高齢者だからこそ備わっている「結晶化された知能」があるのです。「もう年だから」、と弱気にならずに大いに自信を持ちましょう。

第6節 「生涯現役」がシニアの生きがいを高め、日本の未来を救う

① 今日やるべきことを見つけて、結晶化された知能を活かそう

昭和女子大学の坂東眞理子《ばんどうまりこ》さんが『70歳のたしなみ』（小学館・2019）という本の中で、「年をとったらキョウヨウとキョウイクを心がけよう。家でゴロゴロしていてはぼけてしまう。キョウヨウとキョウイクを作ることが大切だ」と述べておられます。

もちろん、シニアの方々が定年後を幸せに生きるためには、生涯にわたって教養や教育が必要なのはいうまでもありません。

しかし、ここでの意味は、「今日、用がある」「今日、行くところがある」という意味だそうです。面白いなと思いました。

心理学者カール・G・ユングの5つの幸せの定義のひとつに、「朝起きたとき、やるべ

き仕事があること」というものがあります。まさに「キョウヨウ、キョウイク」は定年後シニアの幸せにとって、最も大切なことだと思います。

そして「キョウヨウ、キョウイク」は受け身で待つのではなくて、第4節の「セルフ・コンコーダント・ゴール」を探すワークなども参考にしながら、積極的に自ら生きがいの場をつくり出していくことが大切です。

現在の日本は、「失われた20年」といわれる経済の低迷期を脱し切れず、さらに新型コロナの問題も重なり未曽有の苦境に陥っています。

私は、たくさんの経験を基に結晶化された知能を有する定年後シニアを活用することが、この苦境を救い、そして日本の再生につながると考えています。

2 年齢とともに高まる「アドバイス機能」「参謀機能」

先ほど述べたように、私たちシニアはだてに年齢を重ねてきたわけではなく、これまでたくさんの経験や体験を通して積み重ねてきた「高度な判断力や洞察力」、人の気持ちがわかり人に寄り添える「共感力」を獲得してきています。

また、たくさんの逆境を乗り越えてきたことによって身につけたレジリエンス力（困難を乗り越える力）も高まっています。

若い人には見えていない、未来に対するリスクを予見する能力も持っています。

これは、まだ体験の少ない若い人に対して「高所大所から参謀《さんぼう》としてアドバイスする機能」ということもできます。

私たちシニアがせっかく身につけてきたこれらの機能を、そのままにしておくのは大変もったいない話だと思うのです。

これらの機能を使って、起業しようとか新たなビジネスを始めようと考えている若い人たちに、よき参謀として大所高所から、ぜひ助言してあげてください。

子育てで悩んでいる親たちを支援するという道もあります。

また、最近は貧困の子供たちが急激に増えているようです。7人に1人が食事も満足にとれていないといいます。貧困の子供たちに安全な場所と食事を届ける「カタリバ」のような認定特定非営利活動法人が増えてきてはいますが、私は以前からこの活動に「定年後のシニアの方々が参加されてはどうか」と思っていました。

なぜならば、貧困の子供たちを支援することにより、シニアの生きがいや幸福度は間違いなく上がるからです。

第3章で述べますが、人に親切にすると幸せ度が上昇することはポジティブ心理学で証明されている事実です。

ボランティア活動で、交通費プラスアルファくらいの収入にしかならないかもしれませんが、家でゴロゴロしているよりは、はるかに生きがいの面でも健康の面でも向上します。

自分よりもはるかに若い人と接することにより、シニアの方々は生きるエネルギーを獲得でき、困窮を抱えている子供たちも居場所を得て、食事や学習の機会が与えられて救われます。

このように、工夫さえすれば結晶化された知恵を活かすチャンスはいろいろなところに転がっているはずです。

この結晶化された素晴らしい叡知を、世の中のため、若い人のために活かすことで、自らのエネルギーを高めていってください。

人の本当の幸せは、死ぬ最後の最後まで生きがいややりがいを持って生き抜くことにあります。

そういう生きがいやりがいが、さらに寿命を延ばす可能性があることをポジティブ心理学は示唆しています。

「30歳以上年下の人と友達としてつき合うと老けない」と、ある大学の先生が言っていましたが、まさに「生涯現役が日本を救う」という言葉どおり、今現在日本が抱えている大きな課題の解決にシニアがひと役買えるはずです。

結晶化された「おじいさんの知恵」「おばあさんの知恵」を持ったシニアたちが生涯現役で活動することこそが、シニアの生きがいの向上と、老人大国日本の活性化にもつながると確信しています。

第2章

私たちが
地球にやってきた
本当の理由

第1節 「時間」の意味と私たちとの関係

① なぜ時間の制約を伴った星で生かされているのか？

私はさいたま市の緑区に住んでいますが、近くにはまだ武蔵野の面影が残る自然がたくさんあります。定年後は運動のため、自然に浸りながら、近くの見沼田んぼのあぜ道を散歩することが多くなりました。

夕方、澄んだ空気の中を季節の花を愛《め》でながらの帰り道、大空のかなたにピンク色に輝く神秘的な夕焼け雲や宵の明星を眺めていると、大自然の中に生かされている喜びが湧いてきます。

最近は、散歩から帰って風呂の中でよく瞑想をします。瞑想していると、いろいろなことが頭をよぎります。

こういう素晴らしい地球に生かされていることを実感する一方で、地球という星の歴史は戦争の歴史といっても過言ではありません。

今でも、この地球のどこかで戦争・紛争が起こっています。

ＳＤＧｓ（２０１５年９月、国連サミットで採決された持続可能な開発目標）をわざわざ提唱しなければならないほどに、地球という惑星はたくさんの問題を抱えています。民族間・宗教間の争いは絶えず、貧困や飢餓、環境破壊などの数々。進化した他の星に比べて、地球は大宇宙の中では発展途上の星だといえます。

夜空を見上げると、たくさんの星を目にすることができますが、私たちはなぜこういった玉石混淆《ぎょくせきこんこう》の不完全な星に生かされているのでしょうか？

なぜ多くの矛盾を抱えて、地球という星にやってきたのでしょうか？

私たちの暮らしている地球という星では、時間という束縛から逃れることはできません。時間の経過とともに、私たちの身体は変化し老いていきます。

仕事で締め切りに追われたりスポーツで時間を競ったりと、私たちは生まれてこの方、時間の流れの中で成長し、仕事をし、結婚し、家族を養い、やがて定年となり、第2の人生を送ることになります。

いろいろなしがらみから少しずつ自由になり、さらに年齢を重ね、やがて人生を終えて「あの世」へと旅立つことになるわけです。

しかしあらためて振り返ってみると、この数十年の人生も一瞬の出来事のようにも感じられます。

このように、地球上では私たちの存在は時間と切り離せないのですが、「時間とは何なのか？」と不思議に感じることがあります。

夢中で何かをやっているときには、ほとんど時間を意識しません。ところが、退屈な芝居を見ているときや嫌々やっている仕事では、時間が経つのがとても遅く感じられます。

また、今の私がそうですが、「光陰矢の如し」という言葉のように、だんだん年を取るにつれて時間が経つのがすごく早く感じられます。

人は自分の年齢のスピードで年を取っていくといいますが、そういう体験は私だけではないと思います。

あらためて、時間とはいったい何なのでしょうか？

これから時間について一緒に考えていきましょう。

2 時間の概念

アインシュタインは相対性理論の中で時間が伸び縮みすることに言及していますが、時間は本当に伸び縮みするのでしょうか？

相対性理論によれば、すべての基準は光であり、時間は伸びたり縮んだりするとしています。

例えば、動く物体は止まっている物体よりも時間がゆっくりと進みます。

仮に光速に近いロケットに乗って地球を出発して、何年かして戻ってくるとします。ロケットの中では時間がゆっくり進むので、乗っていた人は地球にいた人より年を取っていないのです。

『猿の惑星』という映画を観た方も多いと思いますが、地球を飛び立った宇宙飛行士たちがたどり着いた星は、何百年も経った後の地球だったということもあり得るわけです。

実は、人は昔から時間が伸びたり縮んだりすることに、何となく気づいていた……。「時間の概念を変える」ことで「長生き」が可能だということを知っていたのです。

では、何をもって長生きとするのでしょうか。

現代では、人は100歳近くまで生きることが可能な状況になってきました。しかし、繰り返しますが大切なのは健康寿命です。

仮に植物人間の状態で100年生きたとしても、それは長生きといえるでしょうか。物理的には長生きですが、おそらく私たちが望む長生きではありません。私たちが「長生きしたい」と願う意味は、単なる時間の長さではないはずです。充実した楽しい時間を健康に過ごすという前提が存在するのではないでしょうか。

『夜と霧』（みすず書房・2002）という本があります。ヴィクトール・E・フランクルというオーストリアの心理学者が、ユダヤ人の強制収容所で生き延びた感動的な記録です。収容された人たちは飢えと暴力に苦しみ、人間としての尊厳は失われ、いつも死におびえていました。

仮に私たちが5年間、このアウシュビッツ強制収容所で暮らすとしたら、その5年間は人生の中でどうカウントされるのでしょうか？

家族とも会えず、働くこともできず、旅行にも行けず、趣味を楽しむこともできず、死におびえ苦しみに満ちた5年間を、果たして自分の時間としてカウントできるのでしょうか？

強制収容所での5年間は、人生の時間を奪われた歳月と考えるのが自然でしょう。言い換えれば、5年寿命が短くなったようなものです。物理的には時間は減ってはいないのですが、人生で考えると時間は減らされてしまったのです。

すなわち、健康で充実した時間が少なければ寿命は短くなり、「自分にとってのトータルの人生という時間が減った」と考えることができます。逆に充実した時間が多ければ寿命は長くなり、「自分の時間が増えた」と考えることもできます。

つまり物理的な時間は同じでも、自分の中でその時間をどう受け止めるかによって時間の長さが変わってくるということです。そうであれば、喜びにあふれた充実した時間を増やすことができれば、私たちの真の寿命は延びたといえるのではないでしょうか。

ちなみに、健康を害すると人生の持ち時間が減ってしまいます。自分だけではなく、家族やパートナーが病気になっても、結果的に自分の充実した時間も激減します。

自分と家族の健康寿命を意識して病気を予防することが、人生の時間を伸ばすことにつながるのです。

3 クロノス時間とカイロス時間

時間を少し別の視点で見てみましょう。

ギリシャ神話では「時」に関する神が二柱登場します。クロノスとカイロスです。

そのクロノス神にまつわる「クロノス時間」は、計測可能な物理的時間を意味します。過去から未来へと一定の速度・方向で機械的に流れる時間のことです。皆に平等に流れる時間であり、客観的なものだともいえます。

一方、カイロス神にまつわる「カイロス時間」は、クロノス時間の一様な流れを断つ瞬間時としての質的時間を表します。例えば「運命の時」のように時間の流れをある一点で刻むというニュアンスで、人間の内的な時間であり主観的なものだといえます。

余談になりますが、カイロスはギリシャ語で「機会（チャンス）」を意味する男神です。元は「刻む」という意味の動詞に由来しています。

カイロスの風貌の特徴はその頭髪にあります。後世、カイロスを描く絵画や彫像は、前髪は長く後頭部は禿げた美少年として表現されています。

「幸運の女神には前髪しかない」という西洋の諺《ことわざ》があります。「チャンスの女神には後ろ髪がない」とも言います。「チャンスがやってきたらすぐに捕まえないと、あとから捕まえることはできない」という意味ですが、この諺の由来はカイロス神について書かれたギリシャの詩にあるそうです。

その一節は、「出会った人がつかまえやすいように髪を顔の前に垂らしてあるが、追いかけてつかむことはできないよう、後頭部には髪がない」というものです。

つまり、女神ではなく美少年の神のことをいっていたのが、「幸運の女神」と混同されて広まったというのが真相のようです。

ちなみに、カイロス神の両足には翼がついていて、オリンピアにはカイロスの祭壇があったといわれています。

4 フローと時間の関係

ポジティブ心理学に「フロー」という概念があります。詳しくは第3章で説明しますが、人が何かに夢中になり、のめり込んで時間が経つのを忘れてしまう状態です。

このときの時間の流れをクロノスとカイロスで考えてみましょう。

先ほど述べたように、人の外側を流れている時間は物理的に一定のスピードで流れる時間で、クロノス時間と呼ばれます。

一方、人の内側には内的なカイロス時間が流れています。主観的な時間です。心理的あるいは内的時間といってもよいでしょう。

人は何かに夢中になると、時間の流れが止まったように感じるものです。つまり、外的なクロノス時間が経過していても、内的なカイロス時間はその瞬間の時を刻むだけです。外では時計が一定の時を刻んで時間は流れていますが、内的なカイロス時間は、今現在のめり込んでいる「その時」だけを指します。時間は止まったままなのです。

このカイロス時間は、先ほどのフローと密接な関係にあります。フロー体験が多い人は年を取らないといわれています。

人生の中で楽しく充実した時間が長ければ長いほど、つまり時間が経つのを忘れるほど夢中になるフロー体験が多ければ多いほど、人生の長さが増えることになるのです。

読者の皆さんは、牢獄や強制収容所で暮らす１００年の人生と、自由な生活の50年とどちらを選びますか。

ほとんどの人が後者を選ぶと思います。

これは、私たちが物理的時間よりも心理的時間を優先していることに他なりません。牢獄につながれた時間は自由な時間の半分の価値もないということを、人は本能的に知っているからです。

つまり私たちが人生で求めているのは単なる時間ではなく、楽しく充実した時間です。そして長生きとは、楽しく充実した時間がどれだけ長いか、ということなのです。

先ほどの逸話のようにカイロスにはチャンスという意味があります。私は、充実したフロー体験を増やしてカイロス時間を活かすことで、人はチャンスをものにすることができ、人生を勝利に導くことができると考えています。

第2節 時間の秘密を読み解く

① 時間を延ばすための工夫と発明

これまで、強制収容所や牢獄でのみじめな時間ではなく「喜びにあふれた充実した時間を増やすことができれば、私たちの真の寿命を延ばすことは可能ではないか」という話をしてきました。

だとしたら、楽しく充実した時間を生み出すために、人はこれまでにどんな工夫をしてきたのでしょうか。

人はこれまで作業効率を上げるためにいろいろな道具を発明してきました。

最終的な結果は同じでも、より短い時間で仕上げることができれば作業効率が上がり、時間の節約になります。そして、そのことが新しい時間を生み出すことにつながるのです。

例えば原始の時代、一日に1頭のイノシシを狩っていた人が便利な武器を手に入れることで一日2頭のイノシシを狩ることができるようになったとしたら、どうでしょうか？物理的な時間の経過は同じですが、彼は「倍の人生を生きたことになる」といえるのではないでしょうか。

昔の狩猟は命懸けでした。その狩猟という大変な作業の効率を、槍《やり》や斧《おの》、弓矢を発明することで大幅に上げることができたのです。

苦しく危険な作業を短縮することで得た時間を、家族と過ごしたり、勉強して道具を改良したり、音楽を奏《かな》でたりして、楽しく生きることができるようになる。それはすなわち、有限の時間を延ばし、より長く生きることになるのです。

近代に入っても、人は次々と新しい道具を生み出していきます。

私たちの身の周りの電化製品をながめてみてください。洗濯機や掃除機、冷蔵庫や電子レンジ、電話、炊飯器……、これらはすべて時間を短縮するためにつくられたものです。

昔はかまどに薪《まき》をくべて炊《た》いていたご飯が、スイッチひとつで炊き上がる。時間も労力もかかっていた洗濯も、全自動ならば別のことをしている間にふっくらと仕上がるのです。

さらには、お掃除ロボットに任せておけば、外出している間に掃除が終わっているという時代になりました。

移動手段にしても同じことがいえます。

かつての陸上交通手段は自分の足のみ。そこに馬やラクダを使役《しえき》する手段が加わります。さらに車輪を発明したことで、荷車や馬車の時代が訪れました。

そして蒸気機関の発明を経て機関車が登場し、自動車が発明され、さらに新幹線のような高速大量輸送を可能にするものまで生まれ、陸上における移動の時間を大幅に短縮することに成功したのです。

江戸時代、東京から大阪まで移動するには徒歩で2週間はかかったといわれています。それが現代では、新幹線ならば2時間30分で移動することができるのです。私たちは、江戸時代の人たちよりも2週間分多くの時間を得たということになります。

こうして、仕事時間や移動時間を短縮して生み出した時間を、別の仕事や楽しいことに充《あ》てることができれば、私たちはさらに多くのことができます。少なくとも、その可能性は広がります。

２ 年齢により時間の流れの速さが変わる

シニアの皆さんは「最近、時間が経つのが早いなぁ」と、びっくりされることが多いのではないでしょうか。

人は「自分の年齢のスピードで年を取っていく」といわれます。私も古希を超えたくらいから、正月に一年の計を立てたと思ったら仕事で忙しくしている間にあっという間に1年が経ち、「もう年賀状を書く時期なのか」と、月日の経つ早さに驚かされることがしばしばあります。

また子供のころを振り返ると、多くの人が「子供のころは時間が長かったのに、大人になると時間はあっという間に過ぎ去ってしまう」と感じておられるのではないでしょうか。

ここでは、なぜ年齢によって時間の流れの速さが変わるのか、について考えてみたいと思います。

例えば7歳と70歳を比べた場合に、7歳児の1年は生涯の7分の1もの長さですが、70

歳にとっての1年は生きてきた内のたった70分の1にしか過ぎません。この比率の違いが、「心理学的な時間の評価を決めている」という説があります。

さらに、子供は日々新しい出来事を体験するので、多くの記憶がフレッシュな脳に鮮明に残りますが、大人は過去と同じような体験を繰り返すばかりなので刺激が少なく、脳の海馬がいちいち記憶しない。そのために「気がついたら、あっという間に1年が経っていた」となる。そんな理由もよく挙げられています。読者の皆さんはどちらの説を支持しますか？

先ほど説明しましたが、時の経つのを忘れるほど夢中で何かにのめり込むというフロー体験が多い人も、時間の経過がとても早く感じられるのかもしれません。

嫌々過ごす時間はゆっくり感じられ、何かにトキメキながら夢中で過ごす時間はとても早く感じられるのではないでしょうか。

クロノス的な時間は、すべての人に対して平等に与えられています。しかし、その貴重な命の時間をどう活かすかで、その人の時間の密度もスピード感も変わってきます。

そのことを念頭に入れてシニアの皆さんには、貴重な時間を「有意義で密度の高いもの」にしていただきたいと願っています。

3 量子力学と時間

読者の皆さんは、量子力学について読んだり学んだりしたことはありますか？

最近話題のスーパーコンピュータをはるかに超える処理能力を持つとされる量子コンピュータは、この量子力学がベースとなっています。

最初に「量子力学の知見を広めた」とされるのは「時間が伸び縮みする」と唱えたアインシュタインですが、量子力学は後述するスピリチュアルな世界と関係のある「ミクロの世界」を探究する学問です。

今回は紙幅の都合で触れませんが、量子力学の視点からスピリチュアルの世界をながめると、かなりの部分が解明できると思います。

量子力学に関して、私の友人でもある村松大輔《むらまつだいすけ》さんが『「自分発振」で願いをかなえる方法』（サンマーク出版・2018）を上梓されています。彼は量子力学をベースとした「自分発振」で能力開発することを目的とした「開華」という学習塾を設立して、量子力学的生き方を全国へ普及しようとされています。

彼の講演会には何度か参加しましたが、スピリチュアルの世界を量子力学で上手に説明されています。

そもそも量子とは何かというと、「とても小さな物質」のことを指します。文部科学省のHPでは以下のように説明されています。

＊

量子とは、粒子と波の性質をあわせ持った、とても小さな物質やエネルギーの単位のことです。物質を形作っている原子そのものや、原子を形作っているさらに小さな電子・中性子・陽子といったものが代表選手です。光を粒子としてみたときの光子やニュートリノやクォーク、ミュオンなどといった素粒子も量子に含まれます。

量子の世界は、原子や分子といったナノサイズ（1メートルの10億分の1）あるいはそれよりも小さな世界です。このような極めて小さな世界では、私たちの身の回りにある物理法則（ニュートン力学や電磁気学）は通用せず、「量子力学」というとても不思議な法則に従っています。

＊

ざっくりいえば、量子の世界は素粒子の世界です。前述の説明文にもあるように、素粒子にはクォークやニュートリノなどいくつかの種類がありますが、その中でも光を構成する「光子（フォトン）」が重要です。

なぜならば、私たちの意識や感情というものは目には見えませんが、その正体こそが実はフォトンだからです。

高校の物理の授業で「光は波と粒子の両方の性質を持っている」と学んだと思いますが、フォトンには3つの法則があります。

①フォトンは粒子であり波である。
②フォトンには時間の概念がない。
③フォトンは別々の場所に同時に存在する。

①の法則ですが、フォトンは粒子という物質でもあり、波という状態でもあるということです。

フォトンという微細な物質が波という性質を持っているのですが、私たちは意識や感情を、その波として自ら発信しています。

フォトンは波でもあるので、テレビやラジオや携帯電話のようにそれぞれが周波数を持っています。「うれしい」「楽しい」などのポジティブな意識や感情は高い周波数を持っていますが、「悔しい」とかイライラする心から発する周波数は低いといわれています。

テレビもラジオも同じ周波数の波はキャッチできますが、周波数が違うと受信できません。これと同じように、ポジティブな波動を出している人は高い次元の世界につながりますし、否定的な意識・感情のフォトンを出している人は低い次元の世界に同調します。

つまり、自分が発するフォトンがご機嫌でポジティブなものか、不機嫌でネガティブなものかで、私たちの幸せ度は大きく変わってくるのです。

次に②の法則、時間との関係について話を進めます。

フォトンには過去・現在・未来といった時間の概念がありません。古典物理学のマクロの世界では、「過去→現在→未来」とクロノス時間が流れていくのですが、ミクロの量子の世界にはこの法則が当てはまりません。

それゆえに時間の概念はなく、「過去の出来事を変えることができる」ともいわれています。

村松さんの本『「自分発振」で願いをかなえる方法』から引用させていただきます。

＊

たとえば、私たちの脳は量子力学の法則が働いています。そのため、「昨日のカレーはおいしかったな」と過去のことを思い出したり「明日からは、待ちに待った連休だ」と未来のことを想像したりすることが出来ます。

これは、脳の中では過去にも未来にも瞬時に移動できるということです。

そして、思い出した過去や想像した未来は、5分後も同じものとは限りません。

5分後には「5分後の私」から見た過去や未来があって、それは必ずしも「今の私」が見ている過去や未来とは同じではないからです。

もしかしたら「昨日のカレーはちょっと辛かった」となっているかもしれません。

「今の私」からしか過去や未来を決定することはできません。

つまり、時間と言う概念は全て「いま」に畳み込まれていて「いま」が変われば、過去も未来も対応して変わると言うことです。

＊

最期に③の法則、「フォトンは別々の場所に同時に存在する」を考察してみたいと思います。

ＳＦ小説や漫画などで「パラレルワールド」が舞台になっていることがありますが、パラレルワールドとは私たちの世界と同時に存在している「並行世界」のことをいいます。

私たちが生きる世界はフォトンに満ち満ちています。このフォトンは、「観察されることで存在する場所が様々に決まる」ということがわかっていますが、フォトンと同様、様々なパラレルワールドが同時に、なおかつ無数に存在しています。

私たちは自分が発信する周波数に応じて、そのパラレルワールドを行ったり来たりしているのです。

例えば、楽しくご機嫌なフォトンを発している人であれば、ご機嫌な世界に存在していますが、何らかのきっかけでネガティブな思考にとらわれてしまうと、不機嫌な周波数の世界へと移動してしまいます。

この2つの世界は全く同じではなく、似て非なるパラレルワールドです。同じようでいて、少しずつ違う「過去・現在・未来」が存在しています。

私たちはこの無数に存在するパラレルワールドを移動しているからこそ、「今」を変えることで「過去や未来」を変えることができるのです。

そういう意味では、②の「フォトンには時間の概念がない」という法則と、③の「フォトンは別々の場所に同時に存在する」という法則はお互いに関連しているといえます。

本章で後述する「この世」と「あの世」に関しても、実はこのパラレルワールドの世界といってもよいのかもしれません。

「実在界《じつざいかい》」と呼ばれる私たちの本来の世界である「あの世」には、時間の概念がありません。一方の「現象界」と呼ばれる「この世」では、いわば3次元の現実世界としてクロノス時間が一定に流れています。

「あの世」に関しては量子力学の考え方で説明するとわかりやすいかと思うのですが、内容が煩雑になりますのでここでは割愛します。

第3節 時の流れと生生流転の法則

① 生生流転の法則とは

今度は「時間の流れ」という視点で考えてみましょう。

古代ギリシャの哲学者ヘラクレイトスは、「万物は流転する」と唱えています。

私たちはこの星に生まれ、成長し、活動し、衰退し、消滅する運命にあります。もちろん人間だけでなく、よく観察してみると、この世のすべてのものには誕生の時があり、成長の時があり、衰退の時があり、そして消滅の時があると考えられます。

この変化の流れを「生生流転《せいせいるてん》」といいます。この言葉は、映画『鬼滅《きめつ》の刃《やいば》』にも登場して有名になりましたが、「生生」は「次から次へと生まれること」を意味し、「流転」は「時間とともに常に変化し続けること」を意味します。したがって「生生流転」とは、「世の中のすべてのものが、次々と生まれては時間の経過とともにいつまでも変化し続けていく」という意味になります。

この世に存在するものは人間であれ、動物であれ植物であれ、あるいは微生物であれ鉱物であれ、自然のもの人工のものを問わず、すべてこの生生流転の法則の支配下にあるのです。

例えば植物を例に取ると、種が蒔かれ、芽が出て、成長して、花が咲き、枯れ始め、種や球根を残して地上から姿を消していく。

人工物のクルマを例にとってみても、生産される時があり、有効に乗り回される時があり、だんだん故障が多くなり、ついには廃車にいたるわけです。

このように、地球という3次元の現象界（この世）にあるものはすべて、誕生、発育、稼働、衰退、死滅という過程を経《へ》ることになります。

② この世のすべての存在は変転していく時間を内包する

仏教の言葉に「諸行無常《しょぎょうむじょう》」があります。これは、「3次元現象界の存在はすべて変転していく時間を内包している」という概念を表したものです。

つまり、私たちの体も生きている限り刻々と変化していくわけです。肉体を構成する分子や細胞は絶え間なく壊れ去っていく。一方、食物から供給される新鮮な素材によって日々新たに再生されていきます。髪の毛や爪などを考えるとわかりやすいと思いますが、日々成長し、生まれ変わっています。

呼吸をし、食物を摂取し、エネルギーを燃やし、代謝がおこり、老廃物が排泄され、そして肉体を維持する。最近の研究では、こうした肉体の物質が入れ替わる速度は、従来考えられていたよりもずっと早いことがわかってきました。

例えば、体内のたんぱく質がそっくり入れ換わるのには、6か月もあればよく、骨まで含めた私たちの体の全細胞は10か月ですっかり入れ替わるといわれています。

私は最近久しぶりに学生時代の友人と会いました。T君と言う小学校以来の仲の良い友人です。5年ぶりの再会でした。

彼は以前に比べるとかなり髪が薄くなっていて、お腹も出てきていました。顔にも皺《しわ》が増え知らない人から見ると別人に見えたかもしれません。しかし私は一瞬で「彼だ」と認識できました。

なぜ私は久しぶりに会ったT君の顔を一瞬で認識できたのでしょうか？彼の顔面を構成している細胞は5年前とは全く別のものになっているはずです。

その時、ふと「そうだ、私は彼の肉体という物質を見ていたのではなく、彼の肉体を統合している命そのものを見ていたからだ」と気づいたのです。

つまり、3次元の現象界に存在するものは、時間の推移とともにすべてが変転を繰り返していくわけですが、一方でその変化を超越したものが存在することも事実なのです。

3 変化の中にあって変化しない生命の本質

私たちは、日々変化する肉体細胞によって構成されています。私が5年ぶりに会ったT君の場合も、肉体的には5年前と全く違った細胞に入れ替わっているはずです。それなのに、私はなぜその顔を「T君だ」と認識できたのでしょうか。

それは、肉体の細胞は全く入れ替わったとしても、私の友人である「T君」という名で称される実体がそこにあったからです。肉体細胞自体は10か月経てばすべてが入れ替わってしまいます。しかし、その肉体細胞を統一している実体が厳としてそこにあるということなのです。

すなわち、時間の流れの中で変化し流転する存在の背後には、一方で永遠に変化しない何かがあるのです。

別の例を挙げてみましょう。

「この世の3次元現象界の存在は時間を内包していて、時間の推移とともにすべてが変転を繰り返していく」と述べしました。花を例に取ると「種が蒔かれ、芽が出て、成長して、花が咲き、枯れ始め、種や球根を残して地上から姿を消していく」ように、時間とともに刻々と変化していきます。

しかし、「花」という植物細胞が「花」以外のものに変わっていくことはありません。花には花の実体が存在するからです。昨日も花、今日も花、明日も花。花としてのあり方が変化するだけで、花が花以外のもの、例えば動物や鉱物や人間にはなり得ないのです。

そこには、変化の中にあって変化しない何かが、流転の中にあって流転しない生命の本質があるのです。

もちろん人間も同様です。

私たち人間は肉体がすべてではありません。肉体細胞を統合している不変の実体があるのです。

この普遍の実体こそ、生命の本質であり、私たちの心の奥に潜む不変の意識体、もっとやさしい言葉で表現すると、俗に霊や魂と呼ばれるものです。

私たちは、脳の作用としての精神も含め「この肉体という身体がすべてであり、霊や魂なんて迷信。そういう目に見えないものは存在しない」と考える人が多いかと思います。

しかし、私は「人間の本質は時間の流れの中で変化し流転していくはかない存在ではなく、たとえ肉体が消滅しても時間を超えてパラレルワールドを自由に行き来できる永遠に存在する不変の実体、心や霊魂と呼ばれる意識体である」と確信しています。

第4節 「あの世」の世界を探求する

① スピリチュアルな次元を扱うトランスパーソナル心理学

心理学では、このあたりのことは「トランスパーソナル心理学」の領域になります。これまでの心理学と違って「トランスパーソナル心理学」の特徴は、魂とかスピリチュアリティといわれる、従来は科学とは縁遠いと見なされていた次元のことを、心理学という学問の中に取り込んだことにあります。

これまでの心理学は科学としての体裁を守るために、これらスピリチュアリティとは距離を取ってきました。しかし、心理学が「心の科学」である以上、スピリチュアルな問題を無視することはできません。

私たちは普段、仕事や育児に追われているときや順境のときには、あまり心の内面に関心が向かいません。

しかし、例えば定年後に自分を振り返る時間が持てるようになり、残された時間を意識するようになったとき。あるいは逆境のとき、自分の意識は内側に向かい、「自分とは何者か?」「私たちがこの地球に生まれてきた究極の意味は何だろう?」と、自分の人生について「問い」を発するようになります。


トランスパーソナル心理学は、こういった自分の存在意義や生まれた意味への「問い」に答えようという心理学です。そのために、現代心理学の持つ再現性のある科学的方法論は捨てずに、古今東西の様々なスピリチュアルな伝統を取り込むのです。

そして宗教性を排除し、スピリチュアリティという言葉をあえて使い、この宇宙や大自然、そして私たち自身の内部にあまねく働く命の働きそのものに着目するのです。

これまでの心理学が十分に考慮に入れなかった、見えない次元の霊や魂といったスピリチュアリティに関してもあえて取り上げることで、本当の意味での全人的な人間存在を扱うのが「トランスパーソナル心理学」だといえます。

私は人の幸せを科学するポジティブ心理学に関心があり、これまでずっと学んできましたが、ポジティブ心理学では「あの世の世界」までは扱いません。

しかし私は、「本当の幸せとは、『この世』と『あの世』を貫く幸せである」と信じています。

定年後のシニアにとって、この世の刹那の幸せだけではなく、実在界と呼ばれる本来の世界をも含めた幸せに言及することが「真の意味での心の安らぎや将来の希望につながるのではないか」と考えています。

そこで、ここからはポジティブ心理学だけではなく、以前私がはまっていた「トランスパーソナル心理学」の知見も借りながら、話を進めたいと思います。

「霊とか魂と呼ばれる人間の意識体は、私たちの肉体が滅びても決して滅びることはなく『この世』と『あの世』のパラレルワールドを行き来しながら永遠に進化していく存在である」ということを、ある程度の根拠を持って紹介したいと思っています。

2 「あの世の世界」を探究するきっかけ

私たちは普段、あまり死を意識して生きてはいません。毎日を生きるのに忙しいからです。

しかし定年を迎えてシニア世代となり、自らの体に不調を感じたり、同級生や友人などの訃報《ふほう》が入ったり、身内の死に直面したりする。そうなると、否応なしに「死」に向き合わざるを得ず、「死」について考えるようになります。

誰にとっても死は突然に、そして、確実にやってきます。

「はじめに」でも述べましたが、私は製薬会社に勤めていたときに、何人かの友人や会社の顧客、先輩や同僚、後輩の死に出会ったことがあります。

特に仲の良かった後輩の交通事故による死は、昨日まで一緒に英語カフェで飲んだり歌ったり学んだりしていただけに、通夜で後輩の変わり果てた姿を見てショックを受けました。深い悲しみと喪失感に襲われたことを、今でも鮮明に覚えています。

その後も、叔父や叔母、従妹や友人の死に直面したことで、「人は死んだらどうなるのだろう？　肉体は死んでそれで終わりだろうか？　私たちはそもそもなぜこの世界に生まれてきたのだろう？　この地球という、ある意味では思いどおりにならない制約の多い世界で生きる意味って何だろうか……？」といった疑問に次々と襲われました。

私はそのころ製薬会社の学術営業をしていて、ある大学病院を担当していました。今と違って当時は訪問規制が少なく、ドクターや薬剤師などの医療関係者とは結構自由に面会が可能で、一緒に食事をしたり納涼会や忘年会などにも顔を出したりして、懇意にしているドクターもたくさんいました。

その中でも特にウマの合うドクターがいました。

彼はクリスチャンで末期ガンの緩和医療も担当していたので、たくさんの患者さんの臨終に立ち会い、たくさんの人の死に遭遇した体験を持っていました。

あるときそのドクターに、若い後輩の交通事故死に直面した悲しみや、死に関する疑問をぶつけてみました。

彼は大学病院で終末医療を研究していた学者でもあったので、人の死についても関心を持っていて、自分なりに死について研究されていることがわかりました。

研究室で夜遅くまで、彼がこれまで研究してきた「あの世の世界」や、死の対極にある「生きる意味」などについて話し込んだことを思い出します。

彼は「トランスパーソナル心理学」の学会にも所属していて、次にあげるような本を紹介してくれました。

飯田史彦氏の『生きがいの創造』シリーズ（ＰＨＰ研究所）をはじめとした、臨死体験や退行催眠に関する書籍、大川隆法氏の永遠の法（角川文庫）、死後の世界について書かれた『チベット死者の書』（筑摩書房）や『シルバーバーチの霊訓』（スピリチュアリズム普及会）という霊界通信にいたるまで、実に多岐にわたるジャンルでした。

同時に、死後の世界に関する勉強会や研究会も紹介してくれました。

３ 衝撃の「心霊手術」体験

私はそのころ、対症療法中心の現代医学に疑問を持ち、親しくしていた東洋医学の専門医の影響で代替医療に関心を持つようになります。彼の勧めで、夜間の鍼灸《しんきゅう》学校で鍼灸や漢方医学なども学んでいました。

ちょうどそのころ、フィリピンの心霊術師トニー（本名アントニオ・アグパオア）という大家が来日して心霊治療するというので、鍼灸学校の友人と一緒にその心霊治療会に参加したことがあります。「死」について教えを請うたドクターの影響で、スピリチュアルな世界に興味を持ち始めたころでした。

会場には末期ガンの患者さんや免疫不全の患者さんなど、現代医学で匙《さじ》を投げられた患者さんたちがたくさん来ていました。

トニーは熱心なカトリック信者のようで、祭壇が用意されていてマリア様の絵が飾ってありました。

彼が言うには、ガンなどの難病も因縁因果の結果が病気という形で現われているものであり、そこに介入するには神様のご許可が必要なのだとのことでした。

彼は、まず熱心に祭壇に向かってお祈りをし、それから治療に入りました。

私は心霊治療に興味があり、トニーの傍で治療を見せてもらいました。

肝臓ガンの患者さんでしたが、最初は患者さんの腹部を手でなでるようにしています。ところが、その手がさっと右の腹部に入っていき、何か腫瘍の塊のようなものを取り出したのです。少し出血はしていましたが、手で傷跡をなでるようにさすると、傷は跡形もなく消えていました。

私はインチキではないかなと思って、ずっと彼の手の様子を凝視していましたが、間違いなく、手が体の中に入って腫瘍を取り出すのを確認しました。

ただ、彼の手のあたりだけ、何か次元が違っているような感じがしたことを覚えています。

せっかくの機会ですので、私も治療してもらうことにしました。たまたま2、3日前から腰痛があり、腰の治療をお願いしてみたのです。

私の友人が傍で治療の様子を見ていましたが、その友人によると、トニーの手がうつぶせになった私の腰のあたりに入り、血の塊みたいなものを取り出したそうです。

痛みは全く感じませんでした。ただ、腰のあたりにほのかな温かみを感じただけです。わずか3分ほどの治療のあと立ち上がると、不思議と腰の痛みは取れていました。傷は全く残っておらず、私の下着に血が少し付着していたのみです。

同様に友人も目を治療してもらったのですが、やはりトニーの手が目の中に入ってレバーのような塊を取り出し、治療はすぐに終わりました。

心霊手術という不思議な治療を体験しましたが、世の中には科学では解明できない世界があることを実感しました。

その後も、ドクターから紹介されたスピリチュアルに関する勉強会や研究会に参加して、霊界に関するいろいろな話を伺いました。

④ 本場イギリスでの交霊会に参加

その後、私は学術営業から本社のプロダクトマネージャーに職種が変わり、英語やマーケティングの勉強のために、会社からイギリスに留学させてもらったことがあります。

イギリスは昔からスピリチュアルな世界や霊魂に関する研究が盛んです。たくさんのスピリチュアルスポットや幽霊パブまであり、交霊会なども盛んに行われています。

私はこれ幸いと、スピリチュアルに関する探究と英語の勉強も兼ねて、ある交霊会に参加させてもらいました。

参加者の中には、オックスフォード大学の教授や量子力学を専攻している物理学者、トランスパーソナルを研究している心理学者など、かなり知的レベルの高い人が多く、科学者だからこそスピリチュアルな世界を探究する意欲に満ちた人たちが多くて、私も啓発されました。

ある交霊会でシルバーバーチという高級霊が語ったという霊界の神秘についての話題に

なりました。その当時、私の英語力は十分ではありませんでしたが、聞きかじりなりながらでも「これは単なる幽霊話ではなく、非常に次元が高くて啓発的な内容だ」ということを理解しました。

シルバーバーチについてはそこで初めて知ったのですが、シルバーバーチが交霊会で語った内容は日本でも翻訳され『シルバーバーチの霊訓』（前出）としてまとめられています。

5 スピリチュアル系の講演会やワークショップでの体験

日本に帰国後、飯田史彦さんの『生きがいの創造』（前出）という本に巡り合うのですが、飯田さんは当時、福島大学の経営学部の准教授でした。経営に関する学者でありながら、スピリチュアルな世界をしっかりとしたエビデンスを基に語っておられ、すごく感銘を受けました。私は、何度か先生の講演会に参加して、サインをいただいたことがあります。

先生はギターの弾き語りがお上手で、立教大学での講演会では最後に先生が作曲された「嵐の海に」や「いつもそばにいるよ」などの歌を、先生のギター伴奏で合唱したことを思い出します。

『生きがいの創造』はシリーズで発刊されていて、「退行催眠」の事例もたくさん紹介されています。退行催眠とはこの30年ほどで発達してきた精神医学の治療法です。人間には過去も地球上で生きていた「過去世」があり、私たちは何度も生まれ変わっている可能性があるとわかってきたのは、この退行催眠のおかげです。

退行催眠による治療法は、例えば「水」に対して強い恐怖感を感じる患者に、年齢を徐々に若返らせていく退行催眠をかけてみると、幼い頃に水遊びをしていて溺れたり死にかけたりしたことを思い出します。

人間の心には、本人が自分で意識することのできない無意識の領域があります。そして何らかの原因で負った心の傷（トラウマ）が、押さえつけられたままで無意識の領域に蓄《たくわ》えられていて、それが水への異常な恐怖感となっている場合があるのです。

それを退行催眠によって思い出させ、解放することで治療が可能となります。時には年齢を0歳からさらにさかのぼらせた前世でのトラウマを思い出すことで、治療が可能になる場合もあるようです。

もう少し詳しくいうと、被験者を深い催眠状態へと導くことにより、普段は思い出すことのできない潜在意識の中に収められてあった記憶を蘇らせる技法です。深い催眠状態で人間はトランスパーソナルな状態（物質として自分を超えた状態）になるために、普段は認識することができない存在（肉体を持っていない意識体で、しばしば光のように感じられる存在）とつながってコミュニケーションを取ることができるようになります。

そのようにして思い出す記憶には、胎児として宿る前に、自分が肉体を持たない「意識体」として生きていた記憶が含まれており、人間として生まれてきた仕組みについての証言などもあます。

『生きがいの創造』シリーズには、退行催眠や臨死体験などのトランスパーソナル心理学の研究をベースに、被験者の前世だけではなく、この世を去って霊界に移動したときの様子や、霊界でその人を導いてくれた光の存在との対話などがリアルに描かれています。この世で生きる意味や、この世での試練の意味が伝わってくる本です。

このトランスパーソナル心理学の研究では、トロント大学医学部精神科主任教授のジョエル・L・ホイットンや、マイアミ大学医学部精神医学科教授のブライアン・L・ワイスなどが有名です。

彼らは、たくさんの退行催眠で、被験者が過去世を思い出した事例や臨死体験（死にかけて生き返った人の証言）、生まれる前の記憶を持つ子供たちの証言の研究を行い、「『人間が死後にも生存を続ける』ということを確信せざるを得ない」と結論づけています。

私自身、日本トランスパーソナル学会会長である諸富祥彦先生の主催されたワークショップに参加して、退行催眠を体験したことがあります。

諸富先生の催眠の言葉に誘導されて私は階段をどんどん下っていき、前世の部屋への扉を開けると、そこに自分の前世の姿が見えてきました。何やら白衣らしきものを着て、手術をしているような感じです。意識の片隅で、過去、医師として働いていた時期があったことを思い出していました。

参加した人の中には、戦場で戦闘に参加している場面をありありと語る人、牧歌的なアイルランドの牧場にいることを話す人もいました。人によって様々でしたが、人には前世があることを確信させられました。

他にもいくつかのトランスパーソナル系の勉強会やワークショップに参加して、たくさんの情報に接したり体験したりしているうちに、「人間の本体はこの肉体ではなく、肉体を統合しコントロールしている心、すなわち霊魂なのだ」との確信を深めていったのです。

⑥「あの世」の本当の姿を知るためのお勧め本

死や生に関する本は、トランスパーソナル心理学をベースにしたものも含め、数多く出版されています。

私もドクターから紹介された書籍以外にも多くの本を渉猟しましたが、その中でも特に私の心に響き、参考になった書物を挙げておきます。

スピリチュアル系の本はネットで見ればたくさん出ていますので、読者の皆さん方はこれらの本に限らず、自由に探索していただければと思います。ただし本によっては、次元の低い霊との交信をもとにした霊界の話や天国地獄の話、幽霊に関するホラーストーリーなど、怪しげで興味本位のもの、中には想像だけで書かれたものも多いので、注意が必要です。

以下に挙げた本は、私の理解では真実を語っていると思います。

◎諸富祥彦 著

『生きていくことの意味』（ＰＨＰ研究所）

『トランスパーソナル心理学入門』（講談社）

◎飯田史彦　著
『生きがいの創造』シリーズ（PHP研究所）
『人生の価値』（PHP研究所）
『ツインソウル』（PHP研究所）
◎ネヴィレ・ランダル　著／スピリチュアリズム普及会　訳
『500に及ぶあの世からの現地報告　LIFE AFTER DEATH』（スピリチュアリズム普及会）
◎大川隆法　著
『永遠の法』（幸福の科学出版）
『あなたは死んだらどうなるか』（幸福の科学出版）
◎エマニュエル・スウェデンボルグ　著／今村光一抄　訳・編
『霊界 死後の世界は実在する』シリーズ（中央アート出版社）
◎エリザベス・キューブラー・ロス　著／鈴木晶　訳
『「死ぬ瞬間」と死後の生』（中央公論新社）
◎アン・ドゥーリー　編／近藤千雄　訳

『シルバーバーチの霊訓』（スピリチュアリズム普及会）
◎トニー・オーツセン 著／近藤千雄 訳
『シルバーバーチのスピリチュアル・メッセージ』（ハート出版）
◎イアン・スティーヴンソン 著／笠原敏雄 訳
『前世を記憶する子どもたち』（日本教文社）
◎矢作直樹 著（東京大学名誉教授）
『人は死なない』（バジリコ）
『この世を生きる「あの世」の教え』（きずな出版）

ここに挙げた本は、私の意識を高めてくれ、「この世」と「あの世」に関する真実の姿を知らせてくれた貴重な学びの本として、いつも著者の方々には感謝しています。

これらの本を読むと、「この世」と「あの世」の関係が理解できるようになり、人間の本質が肉体ではないということを否定する人はたぶんいなくなると思います。

私が下手に解説するよりは、読者の皆さんがご自身で実際に手に取ってお読みいただくことをお勧めします。

第5節 私たちは永遠に進化しながら転生輪廻を繰り返す

①死とは「この世」から「あの世」への移動

ここまで述べてきたように、生や死に関する多くの本を渉猟し、勉強会や研究会に参加しているうちに、私なりに死や生の意味について理解できるようになってきました。その結果、今では死への恐怖はほとんど感じなくなりました。

極言すれば、「死」とは着ている服を着替えて、ある部屋から別の部屋へと移動するような感覚でしょうか。

私たちの肉体は、私たち本体の単なる容れ物にしか過ぎません。したがって、容れ物が病気や事故や老化などで破損したり劣化したりすれば、私たちはあたかも着物を脱ぐように肉体という制限の多い服を脱いで、霊体というもっと制限の少ない着物に着替えて自分の意識に近い世界へと戻っていきます。

自分の意識に近い世界へ戻るわけですから、いつも利他の想いにあふれて愛の想いで生きていた人は、光あふれる愛の世界へ行く。深く人生について学び悟った人は、次元の高い悟りの世界へ行く。逆にいつも争いの中にいた人は、争いの多い世界へ行く。怠惰な人は、怠惰な世界へ行く。

つまりそれぞれが、自分の本質と一致した場所へと移動することになるのです。

そういう意味では、地球という3次元現象界での生き方が、次にどんな世界へ帰れるのかを決めることになります。だからこそ、特にシニアの時代を明るくイキイキと、利他の想いを持って生きることが、「この世」と「あの世」を貫く幸せのためには非常に重要になってきます。

これは私自身に対する自戒でもありますが、死はいつ訪れるかわかりません。誰にとっても死は突然に、かつ確実にやってきます。少しでも明るい光の世界へ帰れるように精進したいと思っています。

②私たちが転生輪廻する理由

それでは、私たちはなぜ、せっかく本来の光の世界である実在界へ戻れたのに、また再び、制限の多い困難に満ちた地球という星へと生まれ戻ってくるのでしょうか？

私たちは、それぞれ自分の意識に近い世界に戻るわけですから、その世界の住人のほとんどが自分と同じような意識の人たちだということになります。つまり、考え方や価値観が似ていて学びや気づきが少ない世界でもあるということです。

それに比べて地球という星は、泥棒や人殺しといった他人に害を与える悪人から、聖人といわれるような愛にあふれた人まで、様々な意識を持った人たちの集まりです。考え方も価値観も違う、いわば多様性に満ちた世界です。また、仏陀が四苦八苦と喝破したように、思いどおりにならない、制限にあふれた世界でもあります。

このように制限を伴った多様性のある世界は、自分と全く違った考え方や価値観、ものの見方に触れることができるので、実は学びや気づきが大きいと言われています。

人間の本体は永遠に進化していく存在ですので、同じところにとどまっていたのでは進歩はあり得ません。

そこで人は、実在界と呼ばれる本来の世界に戻っても、自分を進化成長させるべく新しい学びを求めて、ときどきこの3次元現象界（つまり地球）へ生まれ出てくるようです。あるいは、「この世」での使命を抱えて生まれ戻ってくる場合もあります。

これを転生輪廻といいますが、私たち人間は「永遠に転生輪廻を繰り返しながら進化していく存在」だといわれています。

そして、地球での学びを終えれば地球での転生輪廻は終了し、次の学びを求めて宇宙に無限に存在する、自分に最も合った星へと移動するようです。

3 臨死体験で有名なE・キューブラー・ロス

「死」に関しては、いつも患者さんの死と接することの多い医師は関心が高いとみえて、いろいろな研究が本として紹介されています。

その中でも「死」を臨床研究のテーマに据《す》えた、おそらく最初の近代的な医師であったエリザベス・キューブラー・ロスは、『「死ぬ瞬間」と死後の生』（前出）『死ぬ瞬間』（鈴木晶訳／中央公論新社）『死後の真実』（伊藤ちぐさ訳／日本教文社）などの、臨死体験や「死」に関するたくさんの本を残しています。

また、２００６年４月に放映された「最後のレッスン〜キューブラー・ロスかく死せり」という、彼女自身の死にゆく姿を追ったＮＨＫのＢＳドキュメンタリーの中で、彼女自身が印象的な言葉を残しています。

「あなたは、自分の死について考えたことがありますか」という語りで番組は始まり、「死後の世界、その探求にキューブラー・ロスは夢中になっていきます」というナレーションのあと、彼女は語り始めます。

「死の瞬間は素晴らしいものです。自由への解放なのです。蝶《ちょう》がサナギから抜け出すように、人は身体から抜け出すのです。そして人間の不死の部分が物理エネルギーから精神的なエネルギーへと変化します。これは死の第二段階です。そこでは死者に会うことができ、誰もが完全な身体となります」

晩年、彼女は脳卒中の発作を起こしますが、「死後には、どうなるとお考えですか？」

というインタビューに対して「もう一度ダンスができるわ。死んだらすべての銀河でダンスをするのよ。私は生きている間、十分ダンスをしてこなかったから」と答えていました。

最後は娘さんやお孫さんに見守られながら亡くなる姿が映し出されていました。

墓碑銘《ぼひめい》にはこう記されています。

「喜びや悲しみを分かち合う友人、教師、そして自らも一人の生徒であった。人生を卒業して、今、銀河でダンスを踊る」

彼女は著書の中で、「死なんてものは、春になって重いオーバーコートが、もういらなくなった時に、それを脱ぎ捨てるようなもの、肉体は不滅の自己を閉じ込めている殻《から》にすぎないのだ」とも述べています。

ビル・グッゲンハイム&ジュディ・グッゲンハイムの『生きがいのメッセージ』（飯田史彦責任編集／徳間書店）の中にも似たような記述があります。

＊

体は私たちの「地上服」だといってもいいだろう。その服を着ていないと例えばこの本を持つことも、電話に出ることもできない。物質世界と関わり合うことができないのだ。

宇宙飛行士が宇宙船の外で仕事をするためには宇宙服が絶対に必要なように、私たちの地上服もこの惑星上での生活では必需品なのである。

だから、長い人生でその地上服を着古してしまったとき、残念なことに、たいていの人が「私とは肉体であり、肉体がなければ、もはや私は存在しない」と思い込んでしまうのだ。

肉体は自動車にもたとえられる

肉体は自動車にもたとえられるだろう。

両方とも乗り物だから。肉体は人生を旅していくために使う乗り物なのである。

新品のうちから弱点があって、すぐ故障してしまうものもあるだろうし、持ち主の扱いが悪くて急速に傷んでいくものも事故で壊れてしまうものもあるだろう。

しかし大方は、通常の手入れとちょっとした修理だけで、なんとか持ちこたえていく、当然ながら自動車も肉体もやがては使い古されて、捨てられることになる。

けれども、そうなったからと言って、その車の運転手、あるいは肉体の着用者も同様に存在しなくなると思う必要など少しもないのである。

④「シルバーバーチの霊訓」が教えてくれること

イギリスで交霊会に参加した話を紹介しましたが、その当時、シルバーバーチという高級霊の存在が話題になっていました。

シルバーバーチに関してはスピリチュアリズム普及会のホームページでたくさんの情報を得ることができます。普及会が出しているニューズレターは誰でも無料で見ることが可能です。

また、交霊会でのいろいろな質問に対して答えた内容は『シルバーバーチの霊訓』として12冊にまとめられています。そこには人間の深い存在意義が述べられていてとても参考になりますので、一部引用させていただきます。

＊

神は「霊の大海」から1滴を取り出し、ミニチュアの神・分霊とされました。それが私達人間の本質（霊魂）なのです。

そして、いったん個別性を与えられた人間の霊魂はその後、永遠に生き続けることになります。私たちは真理を通じて、死後も霊界で生活することを学びました。

地球上には百数十万種もの生命体が存在しますが、その中で人間のように死後も個性を持ったまま永遠に生き続ける存在はほかにないようです。

なんと驚くべきことでしょうか。

無数の生命体のなかで、人間だけに永遠性が与えられているという事実は、宇宙最大の謎であり神秘です。

私たちが人間として生まれたということは、神のすべての創造の中で極めて特別な出来事と言えそうです。……

今、地上で生きている私達は、いつか必ず死を迎えることになります。

ある人にとっては、それは20年後のことかもしれませんし、別の人にとってはわずか数年後のことかもしれません。

*

大半の地上人は霊界があることを知らないために、死を最大の不幸、最大の悲劇と考えます。

そして、すこしでも死を先送りにしたいと必死になっています。

しかしどのような人間も、やがて死を迎え霊界入りすることになります。

さて肝心なのはそこからです。私たちは霊界でどのくらい生き続けるのでしょうか。

１００年２００年だけでないことは少し研究した人なら誰でも知っています。

１０００年、２０００年で私たちの魂が消滅するようなことはありません。

それどころか一万年後も十万年後も百万年後も私たちは霊界で存在しているかもしれないのです。

そしてその後もずっと生き続けます。

死という終りは永遠にやってこないのです。

これが「人間は永遠的存在として創造された」ということの意味なのです。


（『シルバーバーチの霊訓』より）

＊

人間が大宇宙の中でどんな存在かを感じ取っていただければ幸いです。

5 私の考える「あの世」の世界の真実

私はこうした書籍に触れるまでは唯物論者でした。「人間はこの世の肉体がすべてであり、死んでしまえばそれらはすべて消滅する」と考えていました。

しかし、霊界という世界があり、「人間が永遠の生命として『この世』と『あの世』を繰り返し輪廻転生しながら進化している存在だ」ということを知り、唯物論から脱却できて希望が湧いてきました。

そして、私に「あの世」のことを教えてくれたドクターとの対話や、研究会に参加して得た情報、生と死に関するたくさんの書籍に目を通してみて、あの世の世界に関しては次のように考えるとわかりやすいのかなと考えるにいたりました。

以下は、日本を代表する経営コンサルタントであった故船井幸雄さんが上手にまとめておられるものを、私なりにまとめ直したものです。

私たちの故郷は、どうやら「あの世」のようです。そして私たちの本体（本質生命体）は心です。

私たちは、思ったところに瞬時に移動できたり、言葉を話さずとも自由に相手と意思の疎通ができたり、必要なものは思うだけですぐに手に入れることができたりという、本来は非常に自由な世界である「あの世」に暮らしていました。

そこでは過去、現在、未来という時間の制約もありませんので、年を取ることもありません。過去がないので、この世の概念で過去に存在していた人とも、波長さえ合えば自由に会うことも可能でした。

私たちは「地球」という学校に学びに来て、今、寮生活を送っています。故郷へ帰りたがってはいけないので、学校へ入るときに一時的に故郷の記憶はすべて消されています。私たちの本体は肉体という容れ物に閉じ込められているため、この学校での生活にはかなり制約があります。移動するには乗り物に乗る。相手とコミュニケーションを取るには言葉を使う。つまりここでは、努力しないと非常に生きにくくなるように仕組まれているのです。

だから誰もが言葉を覚え、一人でも食べていけるように否応なしに勉強します。

「あの世」では、見たいものは何でも見ることができました。他の人たちの気持ちも、そのまま理解できました。どこへでも、行きたいところへ、すぐにでも行けました。

これでは楽で便利すぎて、なかなか努力して勉強しない。だからこそ、制約のある肉体という容れ物の中で、魂という本体に勉強させているのです。

この学校では誰もが努力して食べていかなければなりません。経済的に自立してよい生活をするためには、よい学校に入り、よい会社を目指し、出世する必要があります。競争社会ですので、他人に負けたくない、向上もしたいと考えるようになる。そうしなければ生活しにくいからです。

ただ制限が多く生きにくい学校生活で効率的に学ぶために故郷で親しかった者や昔、学校で知り合いだった人たちが役割を変えながら一緒に学ぶように配慮されているようです。

こうして勉強している間に、やがて容れ物（肉体）が劣化して故障し、ついには壊れて懐かしい故郷（あの世）へ帰れるようになります。

制限の多い「この世」で精一杯生き抜いた後、本来の世界に戻ると、自分の一生をまるで立体映画を見ているかのようにフラッシュバックして見ることになるといわれています。

私たちが人生で隠しておきたいことも、リアルに映像に映し出されるようです。そして光から問われます。

「十分に学んできたか？」「十分に愛してきたか？」「十分に使命を果たしてきたか？」（飯田史彦氏『ツインソウル』の「光との対話」）

ここでの振り返りの中で、来世の居場所、つまり「どの学校に入るか」が決まるようです。

そういう意味では、「この世」を自分らしく利他の想いで精一杯生き抜いた人にとっては、死とは希望への旅立ちであるといえるでしょう。

「この世」での生き方が「あの世」での世界を決めるのですから、ぜひ第1章で記した「自己一致したセルフ・コンコーダント・ゴール」に向かって、精一杯チャレンジしていってください。

「この世」は制限の多い宇宙服を着ている関係で、思いどおりにならない四苦八苦の世界ではあります。しかし、だからこそ、この生きにくい世界を先ほどの3つの問いに応えるべく挑戦していくことには、価値があるのだと思います。

人間の本質は、時間の流れの中で変化し流転していくはかない存在ではありません。たとえ肉体が消滅しても、私たちの本体である心と呼ばれる霊魂は、決して滅びることはないからです。

肉体は、地球という星で生きるために身に着けている宇宙服に過ぎず、いずれ服が劣化して使えなくなれば、私たちの本体である霊魂はその服を脱ぎ捨て、実在界と呼ばれる「あの世」へと旅立っていくわけです。

そういう意味では、死とは「この世」での別れであると同時に、十分に生き切った人にとっては「希望に満ちた本来の世界への旅立ち」だともいえます。いわば地球という学校を卒業して、次の学びのために、より上級の学校へ入学するようなものかもしれません。

そして、「この世」で学び残したこと、やり残した使命があれば、また地上世界へと生まれ変わってきます。

このように、私たちは永遠に転生輪廻しながら進化していく存在であると私は確信しています。

6 「この世」と「あの世」を知ることがシニアの幸せにつながる

以上、「この世」と「あの世」に関して私が理解している範囲で述べさせていただきました。いかがだったでしょうか？

「こういうスピリチュアルな話は迷信だ」と避け続けてこられた方も多いかもしれません。しかし、人は間違いなく１００％の確率で死を迎え、「あの世」へと旅立つことになります。

ここで述べたことがたとえ仮説だとしても、「この世」と「あの世」の秘密を知ることは、定年後のシニアにとって大きな福音になると私は考えています。

私たちには人生１００年時代どころか、その先も（次元は変わりますが永遠に）新しい体験を積み、進化しながら生き続けていくことができる可能性があるからです。

第3章

ポジティブ心理学を活用してプラチナ時代を幸せに生き抜く

第1節 ポジティブ心理学とは

1 人生を充実したものにするための研究

ある日の朝のこと、久しぶりの研修の仕事で出張するために、駅に続く道を歩いていました。まだシャッターが閉まったままの店が多い中を、いろいろな人たちが群れをなし、同じ顔をしながら、急ぎ足で駅へと向かっています。そんな人たちの中に紛れ込みながら、ひとつの考えが私の頭をよぎりました。

「皆それぞれが違う環境に育ち、違う考え方や価値観を持って、違う仕事に従事しているけれど、『幸せを求めている』という点では誰もが一緒なのだろうな」ということです。

多分、これだけは世界中の人々に間違いなく共通していることでしょう。

メーテルリンクの童話劇の『青い鳥』ではないのですが、皆が探している青い鳥はいったいどこにいるのでしょうか？　幸せはどこにあるのでしょうか？

カール・ブッセの詩にあるように「山のあなたの空遠く」にあるのでしょうか？

それとも太宰治の『斜陽』にあるように「悲哀の川の底に沈んで、幽《かす》かに光っている砂金のようなもの」なのでしょうか？

私は十数年前にポジティブ心理学と出合いましたが、まさしくこのポジティブ心理学こそが「幸せについて探究する学問」だったのです。「人が輝いて幸せに生きることを教えてくれる心理学」ともいえます。

かつて「人の心を研究する」といえば、うつ病のような精神疾患など、マイナス面のテーマが中心でした。特に臨床心理学では、人間のネガティブな側面に注目して「心の病はどうして起こるのだろうか？」「どうすれば正常に戻すことができるのだろうか？」といった、原因や対策の研究に力を入れてきました。

今でも「ストレスが体に与える影響」とか、「うつ病の患者にはどのように対処すべきか」といったマイナス面のテーマを中心とした研究が盛んに行われています。

１９９８年、そんな心理学の世界に新しい風を吹き込んだのがアメリカのペンシルバニア大学心理学教授、マーチン・セリグマンです。

彼は「人間の心の負の側面、すなわち心の病の状態に焦点を当てるのは研究の半分にしかすぎず、残りの半分、すなわち人の可能性や潜在力に光を当てる研究があってもいいのではないか」と考え、「ポジティブ心理学」を提唱しました。

それまでの心理学の問いが「なぜ心が病むのだろう?」と、うまくいっていない理由に注目して原因を探るのに対して、ポジティブ心理学では「どうやれば創造的で前向きになれるのだろう?」と、物事が「うまくいく理由」に注目するのです。そして「何が人生に幸せをもたらすのか?」をテーマにしようと、心理学者たちに呼びかけたのです。

その結果、様々な心理学者によって、人生に幸せをもたらすウェルビーイング(持続的な幸せ)についての研究が行われ、成果が共有されていきました。


「ポジティブ心理学」は、そうした研究の積み重ねで成り立っている心理学の一分野です。包括的《ほうかつてき》用語あるいは総称という意味で「アンブレラ・ターム」という言い方をしますが、ポジティブ心理学の傘の下には、幸福感やポジティブ感情、フロー、楽観性、人間関係、レジリエンス(困難を乗り越える力)などのたくさんの研究分野があります(図1)。

② ポジティブ心理学とポジティブシンキングの違い

「『ポジティブ心理学』って、『ポジティブシンキング』のことですか？」とよく聞かれますが、結論はひと言、「違います」。

例えば「幸せでいるのが大切」と聞いたときに、「いつでも明るく幸せそうでいなければいけないのか……」、しんどいなと感じる人もいるかもしれません。

しかし、それはポジティィシンキングの呪いにかかっているのです。ポジティブシンキングとポジティブ心理学は別物です。つらい気持ちにフタをして、何でもかんでも無理やり

図1　ポジティブ心理学の傘の下

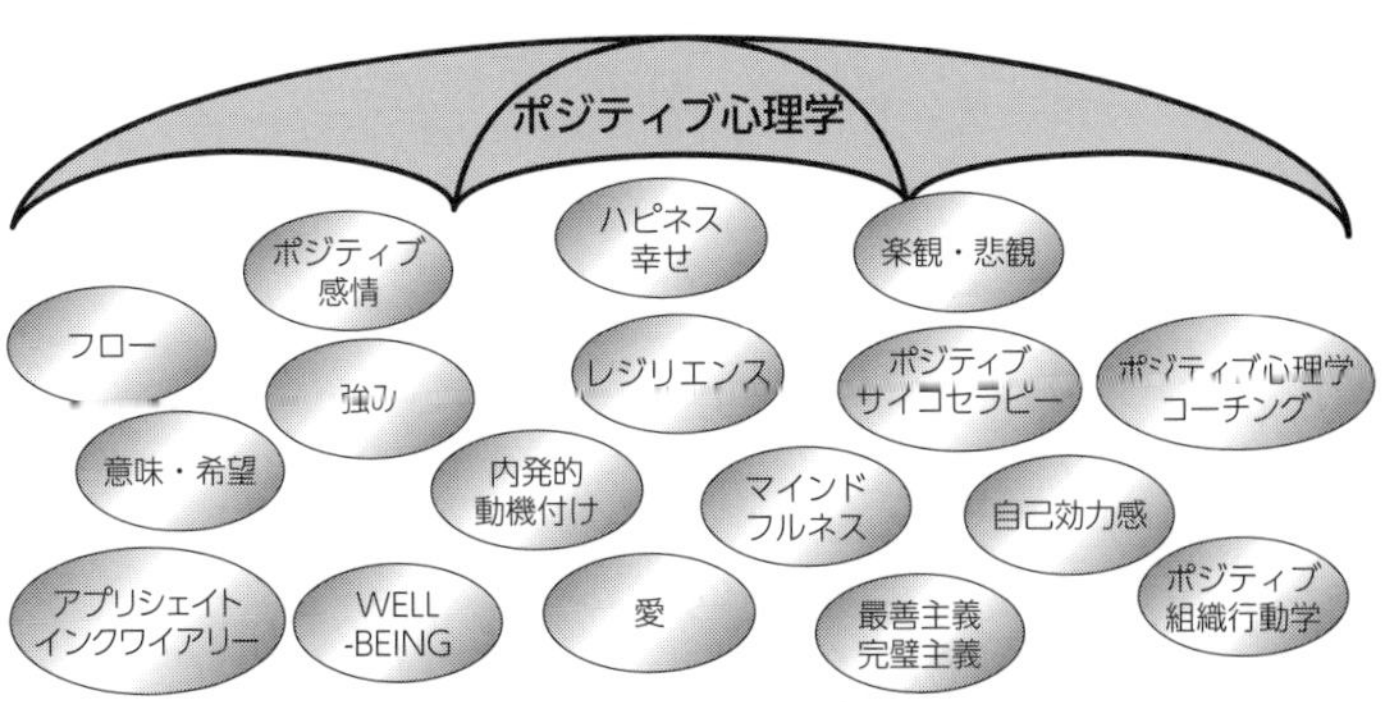

ポジティブ心理学は必ずしも一心理学分野への言及に限定されるものではなく、「包括的用語」(umbrella term) として捉えられている

ポジティブに捉《とら》えようとする必要はありません。自分が感じていることをねじ曲げて解釈したり、自分の心に嘘《うそ》をついたりすることは自分を否定することになりますから、自己肯定感とは正反対です。つまり、ポジティブシンキングをいつも心がけるということは、人によっては大きなストレスの原因になり得るということなのです。

心理学者のバーバラ・フレドリクソンは、「『偽《いつわ》りの笑顔』は心疾患を起こす可能性を高める」という研究結果を報告しているほどです。

2つの違いに関してもうひとつ言えるのは、「学術的な裏づけがあるかどうか」ということです。

ポジティブ心理学は科学ですから、再現性があります。すなわち「有意差（＝複数のグループの数値の間に客観的な差があること。偶然であるとは考えにくいこと）」があるかないか、しっかりと統計処理をして学会に報告され、科学的に実証されたデータを基にして議論されます。

先ほどのフレドリクソンの研究を例に取ると、「偽りの笑顔」のグループと「本物の笑顔」のグループの人たちを集めてきて、血液検査をしたり、血圧や血管の状態を調べたりして、両者に差があるかどうかを統計処理して確かめています。ある程度の人数がそろわないと統計上の有意差は出ないので、サンプルを集めるのも大変ですし、そもそも「偽りの笑顔」と「本物の笑顔」をどこで区別するのかも定義する必要があります。皆さんは違いが判りますか？　「本物の笑顔」は目が笑っているのです。ですから目尻にしわが寄ります。「つくり笑い」だと、口は笑っているように見えますが目が笑っていません。

ダ・ヴィンチの「モナリザの微笑み」も、口は笑っているのに目が笑っていない。それで「謎の微笑み」といわれていましたが、統計上はやはり「偽りの笑顔」に分類されます。

ポジティブ心理学とは、このように有意差を備えた統計データを基にしたエビデンス（証拠）を持った学問なのです。

一方、ポジティブシンキングは自己啓発系で多く取り上げられます。「よいことを考えればよいことを引き寄せる」といった、ポジティブな考え方を勧めているものです。

私もポジティブシンキング自体は嫌いではありません。しかし、エビデンスが不足していること。さらに、無理やり何でもポジティブに考えなければならないという弊害がありますます。やはり注意が必要だと思っています。「ポジティブ」という点では一致しているようですが、実は大きく違うのだということを理解していただければと思います。

もうひとつ、ポジティブ心理学に関しての誤解について述べておきます。

ポジティブ心理学は「極楽とんぼ」のようにポジティブなことしか扱わないと言えば、それは間違いです。

先ほど、「いつもポジティブでいる必要はない」とポジティブシンキングの呪《のろ》いについて述べましたが、人間の感情にはポジティブなものとネガティブなものがあり、ネガティブが必ずしも悪いということではありません。

例えば、人間は原始の時代から天敵である猛獣と出会えば「怖い」という気持ちが起こり、逃げるという行動を取ってきました。つまり、人間はネガティブな感情のおかげで生き延びてきたともいえるのです。

ポジティブ心理学では、ポジティブとネガティブを含めてトータルで人間だと捉えているで、当然ながらネガティブな側面にも焦点を当てて研究します。

前出のフレドリクソンの有名な研究に、人がしっかりと成果を上げるにはポジティブな感情だけでは不十分で、ネガティブな感情も必要である。そしてその比率は、ポジティブ感情3に対してネガティブ感情1でバランスが取れる、というものがあります。

例えば、自分の部下や後輩を1つ叱ったら、3つフォローしてちょうどよい。パートナーに1つ否定的な言葉を投げかけたら、3つの肯定的な言葉をかけることでバランスが取れる、ということです。

このように、ポジティブ心理学ではネガティブな側面に関しても研究しているのですが、ポジティブ一辺倒と誤解されがちです。そのため、ポジティブ心理学の提唱者マーチン・セリグマンは、一時「ポジティブ心理学」という名前を「バランス心理学」という名前に変えたらどうだろうかと提案した逸話《いつわ》も残っているほどです。

3 セリグマンの提唱するPERMAモデル

先ほどアンブレラ・タームという言葉を使いましたが、ポジティブ心理学という傘の下にはいろいろな研究テーマがあります。これらは、いずれも切り口は違いますが、幸せの源を探究していくものです。

ポジティブ心理学を提唱したセリグマンは、刹那《せつな》の幸せではなく、「青い鳥」すなわち持続的な幸せを得るために必要なそれぞれの要素の頭文字を取った「PERMAモデル」を提唱しています（図2）。

最近は、これにもう1つ身体的要素を加えて「PERMA―V」と言っています。

PERMA―Vとは、以下のように、それぞれの頭文字を取ったものです。

・P＝ポジティブ感情
（Positive emotion 嬉しい、楽しい、感動、希望など）

・E＝没頭／フロー（Engagement 時間

図2 幸せに生きるための5つの原則

PERMA

セリグマン博士はウェルビーイングの構成要素として「PERMA」の5つを提唱しています

- P＝Positive Emotion
  - ポジティブ感情やポジティブな考え方を増やすこと
- E＝Engagement
  - 強みを活かしフローを生み出す活動をすること
- R＝Relationship（関係性）
  - 人間関係が充実していること
- M＝Meaning
  - 意味や意義、目的を感じて仕事をすること
- A＝Accomplishment
  - 目標を持ち、それを達成するために工夫し努力すること

を忘れて物事へ積極的に関わる）
・R＝人間関係（Relationship 他者とのよい関係）
・M＝意味（Meaning 人生の意義の自覚）
・A＝達成感（Accomplishment 何かを達成する）
・V＝バイタリティ（Vitality 睡眠、食事、運動等によって心身に活力のある状態）

ＰＲＲＭＡ－Ｖを定年後シニアのウェルビーイング（持続的な幸せ）に当てはめてみると、次のようになるのではないかと思います。

健康に注意し（Ｖ）、身近な人との関係性を大事にし（Ｒ）、常にご機嫌でいる（Ｐ）。何か自分にとっても世の中にとっても意味のある目標（セルフ・コンコーダント・ゴール）を見つけて（Ｍ）、それに向かってチャレンジし、時間が経つのを忘れるほど没頭する（Ｅ）。そして、小さな成功体験でもよいので、達成感を味わう（Ａ）。

ポジティブ心理学の幸せの要素に関しては、ＰＲＲＭＡ－Ｖをはじめとしてたくさん報告されていますが、以下、定年後のシニアにとって特に重要なテーマを少し詳しく見ていきたいと思います。

第2節 ポジティブ感情の効用

① ポジティブ感情とは

ポジティブ感情とは、一般にはポジティブで主観的に気持ちのよい感情のことを指します。この「いい気分」が「生き方、つまり人生を変える動機づけになる」と、ポジティブ感情研究の第一人者である前出のフレドリクソンは、その著書の中で述べています。

それでは、ポジティブ感情には具体的にどんなものがあるでしょうか？　なるべくたくさん、自分で言葉にしてみてください。

ポジティブな感情という抽象的な言葉を、言語化して実際に口に出してみると、ポジティブな感情を味わうことができます。

言葉にはエネルギーがあります。実際口に出してどんな気持ちになるか、ちょっと試してみてください（図3）。

ポジティブ感情に関して、フレドリクソンは大きく10種類の感情を挙げています。

喜び、感謝、安らぎ、興味、希望、誇り、愉快、鼓舞《こぶ》、畏《い》敬《けい》、愛。

そして最後の「愛」は他の9つのすべての感情を包括すると述べています。

鼓舞は素晴らしい出来事に遭遇して奮い立つような、心が熱くなる感情です。畏敬とは、例えば水平線から昇る真っ赤な太陽を眺めたり、煌めく星空を眺めたりすることで、自分が大自然や偉大なるものの一部だと感じるような気持ちです。

このポジティブな感情が、実際に寿命や働く意欲、年収にまで影響していることが最近の研究でわかっています。

図3　ポジティブな感情

ポジティブな感情

愛しい・楽しい・うれしい・ワクワク・安らぐ・おもしろい・安心・達成感・充実感・幸せ・おだやか・なごむ・健やか・輝かしい・エネルギッシュ・パワフル・歓喜・至福の・トキメク・さわやか・瑞々しい・清らか・勇ましい・誇り・信頼・神々しい……等々

②ポジティブ感情は健康を高め寿命を延ばす

ポジティブ感情に関しては、寿命との関係や収入との関係など、たくさんの研究があります。そのひとつが、修道女のポジティブ感情と長生きに関する研究です。

米ケンタッキー大学教授のデボラ・ダナーは、ノートルダム教育修道女会のシスター180人の20歳時の日記を調べました。すると、日記にポジティブな言葉が最も多かったグループは、愚痴や不満が多かったグループに比べて、85歳での生存率がそれぞれ79%・54%となり、明らかな差がついていたのです。なお、93歳での生存率も調べており、こちらは52%・18%という圧倒的な差になっていました。

修道院ではシスターは同じものを食べ、同じ環境で同じような生活をしています。それでも、うれしい、楽しい、至福のなどのポジティブな感情を表す言葉を、日記という身近な場所に記載しておくだけで長生きできる可能性が高いのです。

私たち定年後シニアにとって、この研究は「普段から意図的にポジティブな感情を生み出す言葉を使うことが大切だ」ということを示唆しています。

また「ポジティブな感情はストレスを改善し、ＮＫ細胞（ナチュラルキラー細胞）の増加をもたらし、免疫力を向上させる」という、健康寿命に関する報告もあります。

現在、世界中が新型コロナウイルスの影響で大変な状況ですが、こういうときにこそ意図的にポジティブ感情をつくり出し、免疫力を高めておくことが望まれます。

さらに、ポジティブな感情にはレジリエンス力を高める作用があることも報告されています。レジリエンスとはポジティブ心理学で、困難なことに出合って落ち込んでいる状態から回復する復元力のことをいいます。強い風が吹き荒れても、竹や柳のように折れずにしなやかにやり過ごして、そして立ち直る力のことです。

余談になりますが、最近ではウイルスのよい面もわかってきています。ウイルスが胎児を保護したり、私たちの遺伝子の中に組み込まれて、人間の進化に密接に関与したりしているといわれています。私たちには、ウイルスを悪者とだけ見るのではなく、上手に共存していくことが望まれます。

またコロナ禍の時代、人々の働き方が変ったり家族と過ごす時間が増えて絆が深まったり、あるいは健康への意識が高まったり職場の団結力が高まったりと、見方を変えればプラスの面も必ずあるはずです。

コロナ禍の時代は、人生を見直すチャンスでもあるのです。よい面に焦点を当て、ポジティブな感情を引き出すことができれば免疫力も高まり「コロナ禍を上手に乗り切ることができる」と、私は考えています。

3 ポジティブ感情は職場の成果を高める

ポジティブ感情と働く意欲に関しての研究もあります。組織のメンバーの強みを活かしてポジティブな感情を生み出したチームと、そうではないチームのメンバーの「やる気」に差があるかどうかを比較したものです。

結果は、強みを活かしてポジティブな職場風土を醸成《じょうせい》したチームでは、メンバーの働く意欲が上がり、離職率を大幅に減らせることが証明されています。

私たちシニアの中には、定年後、第2の職場で働く方も多いはずです。私たちが率先して、明るく笑顔に満ちたポジティブな空気を職場でつくり出すことができれば、若い人たちのやる気が向上し、結果的に私たちシニアの価値も大いに上がると思います。

また、収入に関してもイリノイ大学名誉教授のエド・ディーナーというポジティブ心理学者が、大学生を使った研究をしています。大学1年生を、ポジティブな感情にあふれている学生とそうではない学生のグループに分け、彼らの19年後の年収を調べたものです。すると、ポジティブ感情の高い学生は、そうではない学生に比べて「年収にして約180万円の差があった」と報告されています。

ちなみに、幸せと年収に関しての研究もあります。

2002年にノーベル経済学の賞を受賞した、行動経済学者でプリンストン大学名誉教授のダニエル・カーネマンは、アメリカで45万人を対象に生活満足度やストレスの度合いと年収の関係を調査しました。

その結果、幸福度が最も高い年収は7万5000ドル（研究発表の2010年当時のレートで約786万円）で、ほぼ頭打ちになることが判明しました。

この研究から、幸せの尺度は金銭的な面による場合ももちろんありますが、どんなにお金が増えても「お金だけでは満たされないものがある」ということがわかります。

ところで、「幸せ」には、ヘドニア（Hedonia）という「物質的な面が満たされる幸せ」と、ユーダイモニア（Eudaimonia）という「精神的な面が満たされる幸せ」の2種類あることがわかっています。

ヘドニアとは快楽追求型の幸せで、五感を通して得られる快楽のことです。美味しい料理を食べているときに感じるような、一時の感覚的な幸せを指します。

しかし、ヘドニアは物質的な幸せなので、快楽順応の法則に従ってすぐに慣れがきてしまいます。したがって、快楽を満たすためにさらなる刺激が必要になり、その欲望には切りがありません。

一方、ユーダイモニアとは、古代ギリシャの哲学者アリストテレスによって提唱された、人間の本質的な生きがい、やりがいを感じているときの幸せな気持ちのことをいいます。意義ある目標に向かって努力を重ねる行動や、困難を乗り越えるときの人の内面から湧き起こる充実感などは、まさにユーダイモニアの幸せです。

定年後のシニアにとっては、お金に左右されない、精神的、内発的なユーダイモニアの幸せを追求したほうが賢いとは思いますが、ポジティブ心理学はヘドニアの幸せを否定するものではありません。あくまで「両者のバランスが大切だ」と教えてくれています。

第3節　ポジティブな感情の高め方

①ポジティブ感情をどのようにして増やすのか

ポジティブな感情を増やす方法はたくさんあります。運動したり瞑想したり、自然と触れ合ったり人に親切にしたり、ちょっとした心がけと習慣で増やすことは可能です。

第1章で感謝の日記について述べましたが、それ以外にも「いいこと日記」をつけることもお勧めです。

一日の終りに、その日起こったいいことを3つ書き出します。「久しぶりに美味しい博多ラーメンを食べた」とか「友人たちとオンライン飲み会をして楽しかった」など、たわいもないことで結構です。

「セイバリング」という言葉を聞いたことはあるでしょうか？　これは、ポジティブなことをじっくりと味わうということです。

例えば、もしもあなたがコーヒー好きなら、好きな豆を自分で挽《ひ》いて香りを楽しみながらゆっくりと淹《い》れる。そうやってコーヒーの時間を今まで以上にじっくりと味わうのです。

同様に、美味しい料理を手間ひまかけてつくって味わうのもいいでしょう。昔の写真やビデオを、家族や仲の良い友人と観賞しながら思い出に浸るのもセイバリングのひとつです。

ポジティブな気持ちが湧いてきて、幸せな気持ちになれます。

また、他人に親切にするとポジティブな感情が生まれることが、ポジティブ心理学で証明されています。人は、利他の行動を取ることで幸せを感じるようにできているようです。

私の小さな体験ですが、とても忙しいときに友人から悩みを相談されたことがあります。最初は「仕事の締め切りに追われているので、断るか後日《ごじつ》にしてもらおう」と思ったのですが、友人の切羽詰《せっぱつ》まった声を聞き、小一時間ほど相談に乗ったことがあります。相手は悩みを吐き出してすっきりしたのか、「助かったよ」と何度も礼を言って電話を切りました。

そのあと、こちらも「人助けできたのだ」という自己肯定感や貢献できた喜びが湧いてきて、「よかったな」と安らいだ幸せな気持ちになれました。

その結果その安らいだ気持ちが自分にエネルギーを与えてくれたのか、かえって仕事がはかどり、期限内に仕事を終えることができました。

「情けは人のためならず」という諺があります。ちょっとしたことですが、自分のことを差し置いても人に親切にすることが、結局は自分の幸せにつながるのだということを実感しました。


親切にするとことは、何も親切な行動を取ったり言葉をかけたりすることだけではありません。ただ、笑顔をたたえるだけでも可能です。

それを表すのが、仏教の「顔施《がんせ》（いつも笑顔で相手に接すること）」という言葉です（「和《わ》顔施《がんせ》」ともいいます）。たとえ財力がなくても、見返りを求めず善い行いをすれば幸福がもたらされるという「無財の七施」のうちのひとつです。

私たちシニアは加齢に伴い、特に病気ではなくても体調や気分がすぐれないときがあるものです。それでも、人と会ったときにあえて微笑みを浮かべることができれば、相手の気持ちは和んでポジティブな感情が生まれます。

ポジティブ心理学では、笑顔やポジティブな感情は周囲にうつることがわかっています。笑顔を向けられた相手にポジティブな感情が生まれ、笑顔が移り、さらにそれが他の人にも波及していきます。

それが「顔施」と呼ばれるものです。

この「顔施」を学んでからは、体調がすぐれなかったり嫌なことがあったりして苦しいときには、私はあえて笑顔を浮かべることにしています。最初はぎこちなかったと思うのですが、実践しているうちに習慣化して、一種の条件反射のようになってしまいました。

嫌なことがあったら「にやっ」と笑う。ちゃんと目が笑うようにすると心が軽くなります。今ではこれが癖になってしまい、ちょっとした落ち込みからはこのテクニックで脱出できるようになりました。

これは病気で臥《ふ》せっていても実行できることです。

病のときに笑顔をたたえるのは大変ではありますが、笑顔を通して人に親切にすることが自分の幸せとなって必ず返ってきます。

よろしければ、読者の皆さんも一度試してみてください。

2 幸福優位論・今の瞬間幸せであることがよい結果を生み出す

私はこれまで10数年間、ポジティブ心理学と関わってきました。

その中でポジティブ心理学の最大の発見のひとつだと思っているのは、「成功するから幸せになるのではない。幸せだから成功するのだ」というものです。

今までは「出世して年収が増えれば幸せになれる」「いい学校に入れば幸せになれる」「よいパートナーと巡り会えれば幸せになれる」などと、幸せを先送りしてきました。努力して成功を収め、その結果として幸せを感じるという流れでしたが、そうではなくて、「今、ここで幸せを感じる」「今、ここで満たされる」ことがポジティブな感情を増やし、脳を活性化し、活力を高め、よい結果をつくり出すというものです。

「内なる幸せが、外の幸せをつくっていく」といってもよいと思います。

というのも、成功が幸せをもたらすのであれば、昇進した社員、入学試験に合格した学生など、何らかの目標を達成した人はすべからく皆が幸せになっているはずです。

しかし、実際には勝利を勝ち取るたびに成功の目標はさらに高く上がっていき、幸せは地平のかなたにどんどん遠ざかっていきます。

すなわち、幸せは成功に先行するのであって、成功の結果ではないのです。幸せを先送りすれば、脳が持つ「成功の可能性」を狭《せば》めてしまうことになります。

逆に、脳をポジティブでご機嫌な状態にしておけば、やる気が高まり創造性が増し、挫折からの立ち直りも早く、仕事はずっとうまくいくようになります。

これが、ハーバード大学で長年ポジティブ心理学を教えていた、ショーン・エイカーが提唱する幸福優位論です。

私のささやかな体験です。仕事が重なって締め切りに終われ、かなりしんどかったときのことです。

たまたま私の娘が孫を連れて遊びに来ました。孫と遊びながら、その無邪気な笑顔に接しているうちに、いつの間にか仕事のことを忘れて笑顔でいる自分に気づきました。そして、つかの間の幸福感が心に潤いを与えてくれたのか脳の働きが活性化し、アイデアが出ずに行き詰まっていた仕事に活が入りました。締め切りに追われてつらさを感じていたところに新たな意義を見いだし、イキイキと仕事に取り組んでいる自分を発見したのです。その結果、仕事はスムーズに運び、無事に締め切りに間に合ったばかりでなく、そこから新しい気づきを得ることもできました。

私たちにはついつい幸せを先送りする傾向があります。

しかし、「今」がご機嫌で心地よい状態だと、ポジティブな感情が生まれ、物事を明るく捉え、よりよい解決策を見いだし、よい結果をもたらします。

定年後シニアの皆さん方も、いろいろなことにチャレンジしても結果が出ずに悩むことがあると思います。そんなときこそ、結果にこだわるよりは、まずは「今、ここ」でのポジティブな感情、幸せな気持ちを大切にして、ご機嫌でいられるように工夫してみてください。

よい結果、よい状態を生み出すには、よい成果を追い求めるのではなく「今の瞬間、笑顔で幸せだ」と感じることが重要です。なぜならば、私たちは「今」の瞬間しか生きることができませんし、「今」のその想いが私たちの未来をつくっていくものだからです。

３ 幸せな感情は伝染する

「孫の楽しそうな笑顔が自分を幸せな気持ちにしてくれた」という体験を紹介しましたが、ポジティブ心理学では「幸せな感情はうつる」といっています。

ハーバード大学での面白い研究があります。1万2000人を対象として30年間調査したものです。それによると「一人がご機嫌で幸せだと、その人が普段から接している家族や友人、職場の仲間の幸福度が15％上昇する。さらに、その「友達の友達」の幸福度は10％上昇。「友達の友達の友達」の幸福度は6％上昇する」というものです。一人の人の今の幸せが、遠くの誰かの幸せにも寄与できるのです。この研究結果は、私たちシニアにとっては朗報です。

私たちが年を取り、仕事の面で世の中に貢献できなくなったとしても、何らかの方法で自分の内面をコントロールして、今がご機嫌で幸せだと感じることができれば、それだけで周りにポジティブなエネルギーを波及させ世の中に貢献できることができるからです。

第5章で、いつでもご機嫌でいられる秘訣について触れますが、私たちシニアはどんなときでもポジティブな感情を大切に、笑顔で、そしてご機嫌でいられるように心がけたいと思います。

第4節 フロー（没入）を体験する

① フローであることの意味と重要性

「フロー」と聞くと、仕事の流れ、フローチャートを思い浮かべる方が多いかと思います。しかしポジティブ心理学でいうフローは、全く違う意味を持っています。

読者の皆さんは、電車の中で読書やゲームに夢中になっているうちに降りる駅を乗り過ごしてしまったという体験や、「インターネットで少しの時間、検索していたと思ったのが、気がつくと3時間も経っていた」という体験はありませんか？

仕事や趣味に没頭しているうちに「気がついたら日が暮れてしまっていた」という体験をした方もあるかと思います。

「何かをするのに夢中になり、その行動だけに完全に集中し、時間を忘れるほどのめり込む」あるいは「ただそのことに没入していることが、何より楽しく、充実感に満ちあふれていて、驚くほど短期間に成果が上がっていく」という心の状態に興味を持ち、研究した心理学者がいました。

クレアモント大学教授のミハイ・チクセントミハイです。

彼は、このようなきわめて高次元の集中力を生み出す精神状態に着目し、それを「フロー（FLOW）」と名づけました。

アスリートはその体験を「ゾーンに入る」と称し、一般には「高次の意識状態」と呼ばれています。

そもそもフローとは「流れる」という意味ですが、チクセントミハイはフロー現象を研究するために、登山家や画家、外科医、テニス選手、チェスプレイヤーなど、あらゆる分野のたくさんの人にインタビュー調査を行いました。

フローという言葉は、インタビューの中で「夢中になっているときはどんな状態でしたか？」と尋ねたところ、共通して「自分が流れていくという感覚だった」という答えが返ってきたことに由来しています。

「心的なエネルギーが滞《とどこお》りなく流れている状態」と言い換えてもよいかもしれません。

第2章の時間のところで述べましたが、フロー状態になると時間感覚を喪失します。時間には、外を流れるクロノス的な時間と内を流れるカイロス的な時間がありますが、「フロー状態では時間が変質し、内を流れる時間は止まったままの状態になる」といわれています。

これは私見ですが、フロー体験の多い人は年を取りにくいのではないかと思います。年齢には実年齢と機能年齢がありますが、フロー状態が多い人は、実年齢に比べてはるかに機能年齢が若く、イキイキと活動しています。

ただし、フロー状態は限られた条件の下でしか起こりません。

その条件とは、私たちが挑戦しようという目標に対して、私たちの能力やスキルがちょうどよいレベルにあるということです。

図4の「フローの起きる条件」をご覧ください。この図は人の能力水準とチャレンジの度合の関係を示しています。

能力やスキルが高いのにチャレンジレベルが低いと、A2の「退屈ゾーン」に陥ります。

能力が低いのにチャレンジレベルが高いと、今度はA3の「不安ゾーン」になります。

自分の能力より少し高いチャレンジレベルのときに初めてA4の領域、フローが生じます。能力はその人の「強み」であり、その人らしい得意な分野です。その得意分野でさらに工夫して知恵を絞り、挑戦するときにフローが生じるのです。

人はチャレンジを続けていくうちに能力が向上してきます。Ａ１の状態から能力が向上したとしても、チャレンジ度合いが低いままだとＡ２の「退屈ゾーン」に近づいてしまいます。このＡ２の状態を長く続けると、やる気が低下してフローは起こらなくなります。

そこで挑戦のレベルを上げて、Ａ４の状態になると再びフローが体験でき、夢中で没入することができるようになります。フローを体験するためにはこのプロセスを繰り返すことになります。

フローとは「退屈と不安の間」の、ちょ

図4 フローの起きる条件

チクセントミハイ「喜びの現象学」より一部加工

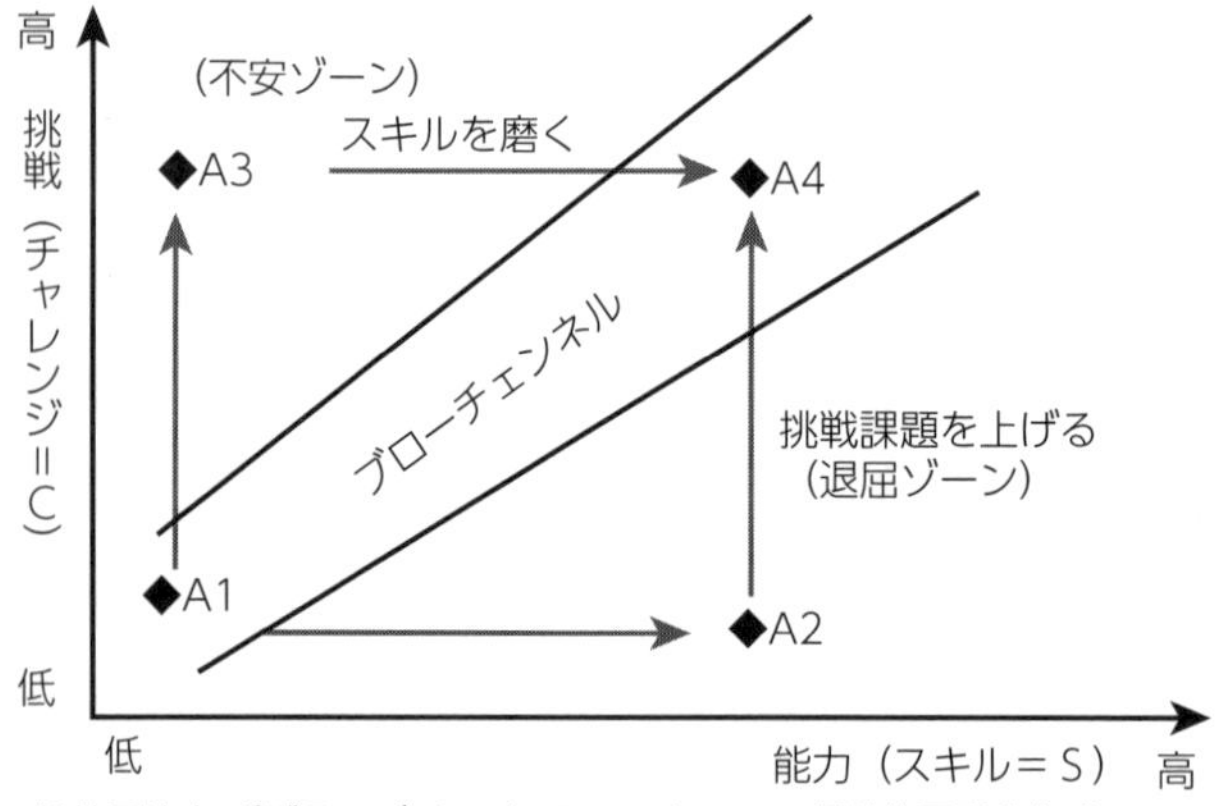

出典：一般社団法人 ポジティブイノベーションセンター福井修己理事作成

うどよい場所でチャレンジするときに起こるものなのです。

私は学生時代、オーケストラに入ってバイオリンを弾いていました。今でも仕事の合間に気分転換で弾くことがありますが、自分のスキルをはるかに超えた難曲に挑戦しても無理だと気づき、すぐにあきらめてしまいます

一方で、既に弾ける曲ばかり弾いていても退屈になってしまいます。自分のスキルレベルよりも少し高く、自分にとって憧れの少しだけ難しい曲に挑戦するときにフローが起こることを、体験的に理解しています。ちょっと気休めにと弾いているうちに、いつの間にか何時間も弾いていることもあります。

2 フローをビジネスに応用する

定年後シニアの方でも、部下を持つ立場で仕事をする機会があるかと思います。そんなケースでフロー理論が教えてくれるのは、部下やプロジェクトメンバーの成長や動機づけを考えた仕事の割り振り方、あるいは意欲を低下させない目標の与え方です。

仕事を割り振るときにはそれぞれのメンバーの「強み」を確認し、その強みがさらに伸びるように少しだけチャレンジできる目標を与えることが肝要なのです。

コンサルタントに入っている企業のマネージャーからこんな話を聞いたことがあります。

「私は仕事を割り振るときに、経験者が確実にできる仕事を割り振ります。成果を出すことが重要なので、完璧にこなせる人に仕事をしてもらうのです」

しかし、このやり方で職場は活性化するでしょうか？

「フロー理論」でいえば、たやすい仕事ばかりを与えられた人はどうなるでしょうか？

マンネリになって意欲を失い、成長を望むことはできません。

つまり、人材を育てることはできないということです。


人事異動が少なくて、いったんその仕事に就くと永遠にその仕事ばかりを担当させられるケースも同様です。

人事のローテーション制度を見直すか、それが難しい場合には、同じ仕事をさせるにしてもその中に新しいチャレンジを与えるかしないと、人は意欲をなくしてしまいます。

高すぎる目標もストレスや不安を与えますが、チャレンジがないと、人の意欲を駆《か》り立てて成長させることはできません。部下の成長に合わせて目標を柔軟に変え、チャレンジできる目標を与えることが重要なのです。

❸ シニアこそフローに挑戦しよう

最近は脳科学が著しく進歩していますが、フロー状態では肯定的な感情が生まれ、ドーパミンやβ―エンドルフィンなどの脳内ホルモンがリリースされ、満足感、幸福感、集中力、楽しさが増え、創造性、ひらめき、発想力が高まるとされています。

その結果、フロー状態では、通常必要とされるよりも少ないエネルギーで行動することができ、より少ない努力でより大きな成果を上げられることがわかっています。

フローを体験する機会が多い人は、仕事に充実感を持ち、集中力があり、成長も早く、社会でも成功する人が多いという報告もあります。

ただし、フロー状態になるためにはチャレンジする目標が必要です。情熱を傾けることのできる何かを探す必要があります。

定年後シニアの方には、何か熱中することを見つけて、このフロー状態を体験することをお勧めします。

退屈して時間を持て余すのは本当にもったいないことです。私は退屈こそシニアにとって最大の敵だと思っています。というのも、退屈は不機嫌につながるからです。

退屈なのでスマホでの情報チェックに時間を費やし、世の中のゴシップネタばかりが気になってしまう。ＳＮＳにはまって、他人のことに首を突っ込んでうっとうしがられる。

いずれにせよ、ロクなことはありません。

第1章でシニアにとって「キョウヨウ」「キョウイク」の重要性を述べましたが、「今日、用がある」「今日、行くところがある」のは大切なことです。できればその中にフローを盛り込みましょう。

前出のチクセントミハイは、素晴らし人生、幸福な人生というものは「自分がやっていることに完全に没入するフロー体験によってつくられる」と述べています。

定年後シニアの方は、若さを保つためにも幸福な人生を歩むためにも、ぜひこのフロー体験を活用することをお勧めします。

第1章で「セルフ・コンコーダンス」の目標の立て方を説明しましたが、仕事でも趣味でもボランティア活動でも、何でもかまいません。残りの人生でワクワクしそうなことにフロー理論を活用して、退屈しないように少しだけ高みを目指して挑戦していきましょう。

ただし、フローで気をつけるべきは、ジャンク・フローというものです。ジャンクとはガラクタという意味であり、時間が経つのを忘れるほどのめり込むのに、それがよい成果を生むのではなく、むしろ害になるものです。

麻薬中毒に似ているともいえますし、実際にギャンブルやセックスなどでも、フロー体験を起こすことは可能です。

パチンコなどのギャンブルも気晴らしには悪くはないと思いますが、フローを起こすときには脳から一種の快楽ホルモンが放出されていますので、その快感を味わいたくて、のめり込んでお金をつぎ込んでしまうケースも多いのです。「ギャンブル依存症」ともいわれるように、これは一種の中毒症状ですので気をつける必要があります。

第5節 縁ある人々とよい関係性を築く

① 他者との関係性とウェルビーイング（持続的幸福）

次にポジティブ心理学の研究の中でも大きなウェイトを占める「関係性」について見ていきましょう。

私たち人間は、他者との関わりなしに一人では生きていけません。

ドイツの詩人シラーの「友情は喜びを二倍にし、悲しみを半分にする」という言葉がありますが、他者との関わりやつながりは、それ自体が人生の幸福度に大きく影響します。

お金持ちでぜいたくな暮らしをしていても、心から人を信じることができない孤独な人は、裕福ではなくとも、友人や仲間、家族、パートナーに恵まれた人と比べて幸せ度が低いとは思いませんか？

ミシガン大学心理学部教授であるクリストファー・ピーターソンは、ポジティブ心理学の神髄《しんずい》を最も短い言葉で表すとすれば、“Other People Matter.”（他者が重要）だと説明しています。

幸せは他者との関係の中に存在する。そして忘れてはならないのは、私たちは皆、誰かにとっての他者であるということです。ですから、家族や友人、近所の人々や職場の同僚など、周りにいる自分以外の他者と愛情や信頼がある関係が築ければ、幸せでよい人生を送ることができるのです。

アドラー心理学のアルフレッド・アドラーも、逆説的に「人間の悩みの９０％以上が対人関係の悩みである」と言い切っています。

確かに「よい関係性を持つことが人間としてのウェルビーイング（持続的幸福）の最も大切な基盤になる」ということが、ポジティブ心理学をはじめとした様々な研究でわかってきています。

ハーバード大学で１９３８年から２０１２年まで、７００人の人生を追って幸福度を調べた研究があります。その結果「幸せは、財産、名声、勤労によってもたらされない」「幸せは、人間関係によって決まる」ことが証明されています。

大事なのは、その関係の質です。

「自分が素の自分のまま、無防備でいられる」「ちゃんと話を聞いてもらえる」「心の奥底にあるものを、お互いに共有できる」といった人間関係があれば、幸せだということです。

また、関係性は寿命にも大きな影響を与えることがわかっています。これに関しては1979年、ハーバード大学のリサ・パークマンとレオナード・サイムという研究者が行った「アラメダ研究」が有名です。

これは、米カリフォルニア州アラメダ郡の30歳から69歳までの男女4725人を9年間追跡調査したものです。その結果、社会的に孤立して「つながり」が少ない人は社会的なネットワークをたくさん持つ人に比べると、男性で2・3倍、女性で2・8倍、死亡リスクが高いという数字が明らかになりました。

さらに、イスラエルの職場のデータですが、アリ・シロームという心理学者が1988年から2008年まで820名を対象として、職場で仲間からの社会的サポートを受けていないグループとサポートを受けていたグループを調査しました。すると、死亡率に2・

4倍の差が出たといいます。極端にいえば、同僚があなたの寿命を決めているともいえる数字です。

他にも、「仕事場での社会的、感情的なサポートは心拍数や血圧を下げる直接の効果がある」という研究報告もあります。

他者との「つながり」の重要性に関しても、いろいろな研究があります。「つながり」が少ない孤独な人は、そうでない人と比べて死亡率が2倍になるとの報告があります。「孤独は喫煙より身体に悪い」「高齢者の満足度の低さは『つながり』の希薄さにある」などの、「つながり」の重要性を明らかにした報告もあります。

女性が長生きなのは、ひとつは「つながり」をつくることが上手なことと関係しているのではないかと推察できます。

❷ 脳内ホルモン、オキシトシンとの関係

次の章でも詳しく述べますが、他者との関係性には関しては、脳から出てくるオキシト

シンというホルモンが深く関係しています。

オキシトシンは、幸せホルモンであるドーパミンやセロトニンに比べると耳慣れないかもしれませんが、人間と人間の相互作用を考える上では最も重要であるといってもよい物質です。

名前の由来は「迅速《じんそく》な出産」という意味のギリシャ語ですが、実際に子宮収縮ホルモンとしても知られています。また、乳の分泌を促す効果を持つこともわかっています。

このように、オキシトシンは母親と赤ちゃんとの関係に密接に関与するホルモンですが、「愛と絆《きずな》のホルモン」ともいわれ、良好な人間関係や身体的な接触によって放出されます。「他者とポジティブな関係を経験しているときにオキシトシンが身体中に放出され、血圧と心拍数を下げ、ストレスにも上手に対処できる」という報告もあります。

「つながり」が寿命に影響を与える事実は、このようなオキシトシンの作用からも説明されるのではないかと考えられます。良好な人との「つながり」がオキシトシンの遊離を促し、オキシトシンの作用で精神的にも身体的にも若さや健康を保つことができるからです。

このような最新のオキシトシンの研究からも、定年後のシニアにとって、縁ある人々との良好な関係や「つながり」が非常に大切なことがわかります。

先ほど「同僚があなたの寿命を決めている」と述べましたが、定年後のシニアは職場を退職している場合が多く、同僚ではなく日常的に家の中で接する可能性の高いパートナーとの関係が寿命に大きく関係してきます。

そういう意味では一番大切なのは最も身近な人との関係、すなわちパートナーとの関係です。パートナーとの関係性をよくすることが定年後シニアの幸せに大きく関わってきます。

次の章で「どうすればパートナーとよい関係性を築くことができるか」を見ていきたいと思います。

第4章

パートナーとのよい関係を築く

第1節 定年後シニアの夫婦関係の現状

1 居心地のよい自分の居場所をどう確保するか

定年後のこれからを幸せに暮らすために最も重要になってくる、パートナーとの関係について考えてみたいと思います。

定年後、どうすれば夫婦仲良く幸せに暮らすことができるでしょうか？　夫婦円満の秘訣について少しばかり考えてみるために、「どうすれば仲良し夫婦でいられるか」というクイズをやってみましょう。

以下の、夫婦円満の秘訣で間違っているものはどれでしょうか？

① 夫婦なのだからお互いに言いたいことは率直に何でも自由に言い合う。

②よく相手の話を聴くようにする。
③会社では気を遣ってばかりで大変だったので、定年後こそは気を遣わずにのびのびと過ごす。
④お互いによいところを見つけて褒め合う。
⑤夫婦は対等なので、話をするときにはお互い五分五分の割合を意識して話をするように心がける。
⑥手をつなぐとか、ハグするとか、スキンシップに努める。
⑦「夫婦は一体」と昔からいわれているとおりに、ラブラブでいるためにいつも行動をともにする。
⑧共通の趣味を持つ。
⑨夫婦喧嘩を避けるのはもとより、なるべくお互いにぶつかり合うことは避けるようにする。
⑩結婚記念日や「いい夫婦の日」などを活用して旅行に行く。
⑪気兼ねせずに、自分の言いたいことはどんどん言うようにする。

いかがでしょうか。夫婦がこれまで積み上げてきた、現在の関係性によっても状況が変わってきますので正解はないのかもしれませんが、一応の正解を本章の末に記載しておきます。

“the Third Place”（サードプレイス）という言葉があります。スターバックス コーヒーが、自分たちのコンセプトとして位置づけている言葉です。

文字どおり「第三の場所」ですが、ちなみに第二の場所は職場、そして第一の場所は家庭だそうです。

この考えでいくと、定年を迎えたとたんに第二の場所を失うということになります。残るのは第一と第三の場所だけ。まさか、日がな一日スタバに入り浸ることもできないでしょうから、現役時代に比べて家にいる時間が格段に長くなるはずです。

定年後に再雇用されるなどすれば、それなりに第二の場所は確保できるでしょう。しかし、多くの場合は就業時間も短くなるだろうし、月曜から金曜まで毎日出勤することもないかもしれません。やはり、家にいる時間はどうしても長くなるわけです。

もちろんスタバ以外のサードプレイス、男の隠れ家を探すのもひとつの解決策ですが、それはそれで結構お金がかかりそうです。

そうなると必然的に、「家にいる時間をどう充実させるか」「どうやって居心地のよい自分の居場所を確保するか」が、実は定年後の一大課題となるのです。

2 川柳から見えてくる定年後の夫婦関係

夫婦関係を詠んだ川柳です。

「粗大ごみと言われぬように家事シェア」
「奥さんの後を追いかけ右往左往」
「今よりも尻に敷かれる定年後」
「ごみ捨ては定年ないと妻叫び」
「断捨離《だんしゃり》で夫が捨てれば妻拾い」
「主婦業に定年のない不公平」

さて、いかがですか？　思い当たる節はありませんか？

確かに主婦業には定年がありませんね。休日もありません。子育ても終わり、ようやく自分の趣味などが楽しめるようになったと思ったら、子供以上に手のかかる旦那が家でゴロゴロ……。

当たり前のことですが、定年後の生活設計は決して自分本位にならずに、配偶者や家族のことを十分に考慮に入れなければなりません。

定年後を楽しく幸せに暮らすには、ユーモアは欠かせません。その練習として、こういった川柳などに挑戦してみるのもよいのではないでしょうか。

川柳を詠むことは脳の活性化につながるし、同時にポジティブな感情も生み出してくれます。第３章「ポジティブ心理学の活用」のところで述べましたが、そのポジティブな感情が関係性をよくすることがポジティブ心理学で証明されています。

川柳だけではなく、ダジャレなどでもかまいません。「おやじギャグ」とヒンシュクを買いそうですが、それでも、それがポジティブな感情につながるのなら、大いに結構なことだと思います。

3 65歳過ぎシニアの生活時間の調査結果

以前、65歳過ぎの人たちの生活時間のヒアリング調査結果を見たことがあります。正直言って、愕然としました。

どのようなパターンかというと、まず寝る時間が早い。21時〜22時には寝てしまいます。なぜなら、やることがないからです。ところが平均睡眠時間は意外と短い。5時間ほどです。22時に寝ても、夜中の3時には起きてしまう計算です。

さすがに、ここで起きてしまっては家族に迷惑がかかります。だからそのまま寝床の中にいる。やることがないので、NHKラジオ第1の「ラジオ深夜便」をイヤホンで聴く。これが終わるのが朝5時なので、そこでやおら起き出すのです。

ラジオ体操などで少し身体を伸ばし、天気がよければ庭の草木や花に水をやり、朝の散歩をする。7時に朝食をとり、病院などへ出かける用があれば出かけますが、それでも午前中でほとんどやることがなくなってしまいます。

昼食をとって午後になると、テレビにすがるようになります。

2015年の国民生活時間調査（NHK放送文化研究所）を見ると、テレビの視聴時間は全体としては減少傾向にあるものの、65歳以上に限ると、平日で男性は5時間16分、日曜日は6時間17分と視聴時間が長い（ちなみに女性は平日5時間29分、日曜日は5時間48分）。「やることがない」「テレビだけが友達」という、ちょっとさびしいシニアの構図が見えてきます。

④「粗大ゴミ」に「濡れ落ち葉」、「ワシも族」に「お地蔵さん」

こうした年代の男性はどのように呼ばれているか、ご存じでしょうか？

1980年代にはやり始めた言葉では「粗大ごみ」。しかも今や、燃やせもしない「粗大不燃ゴミ」だとか。

テレビを観ながらゴロンと横になっている。奥さんが買い物に行くと言うと、「ワシも」と言って立ち上がるので、「ワシも族」。そして奥さんの後ろをついて歩く姿が、足にまとわりつく雨に濡《ぬ》れた落ち葉のようなので「濡れ落ち葉」。テレビの前から一歩も動かない「お座敷豚」なんてものも……。もう散々な言われようですね。

最近では、定年を迎える世代でもパソコンなどのスキルは一応ありますから、退職後は家にこもってパソコンの前に座り続けているケースも多いようです。そんな様子を「お地蔵さん」のようだと揶揄《やゆ》する人もいます。

それでも、ネットサーフィンやゲームにはまっている分には人畜無害のようですが、あり余る時間を使って世情や社会情報を豊富に仕入れた気になって、いろいろな方面に口出しするようになる……。

定年後の男性の居場所問題はかなり前から発生していましたが、家に引きこもってばかりでは健康にもよくありません。

第2章の「時間の秘密」でも述べましたが、時間は命です。人生の後半のそのまた後半で時間を持て余すのは、本当にもったいないことです。

「テレビ人間になっているな」と思い当たる節のある方は、第1章の『セルフ・コンコーダント・ゴール』を思い出してください。自分のやりたいこと、トキメクこと、打ち込めることを探し出して、充実した人生を歩みましょう。

第2節 男は火星人で女は金星人

① 話を聞かない男、地図が読めない女

「そもそも男は火星人で、女は金星人だったと思うべきである」

アメリカの心理学博士で、恋愛や結婚に詳しいジョン・グレイの著書に『ベスト・パートナーになるために　男は火星から、女は金星からやってきた（原題：Men are from Mars,Women are from Venus）』（三笠書房）があります。タイトルからも想像できるように、夫と妻とは、一般に思われている以上に全く違う生き物なのだということです。

ただ、「似たもの夫婦」という言葉もあるように、一緒に生活しているとだんだん似たところが出てくるのは否めない事実です。同じ人間ですから、共通点もたくさんあるように思えます。しかしながら、やはり「全く違う生物」、「違う星から来た住民」なのだとい

うくらいの気持ちで、お互いを見たほうが正しい気がします。

2000年代初頭に『話を聞かない男、地図が読めない女』（主婦の友社）という本がありました。これは、男女の考え方や行動の違いを、脳の違いから説明したものです。

ひとつは、男性と女性とでは空間認識能力に違いがあるということです。目的地に着くために、かつてナビのない時代は地図を利用していました。

一般的に、地図を見たときに男性は、例えば「交差点を右に曲がって、何メートル進む」と指示されるだけで理解できます。しかし、女性の場合は空間認識力が男性ほど高くなく、「具体的に『目印になる建物』を示されないと理解できない」といわれています。

男性と女性に、とある建物の設計図を見せたところ、男性の場合は脳の決まった場所が集中的に働くのに対し、女性の脳ではこれといって決まって働いている場所が見られなかったそうです。このような点を鑑みて、男性は空間把握がうまくできるが、女性はあまりうまくできないといわれているのです（あくまで一般論です）。

もっとも、女性でも理数系が得意なリケジョやナビ能力の高い人はたくさんいますから、個人差が大きいのかなというところでもあります。

②男女の差は左右の脳をつなぐ神経の束（脳梁）の太さの違い

もうひとつが言葉の違いです。「女性はよくしゃべる」「女性は感情的になりやすい」「口ゲンカでは女性に勝てない」などといわれますが、こういう現象を脳の働きの観点から見ると面白いことがわかってきました。

脳科学の分野では、人間の脳は「感覚的な右脳」と「論理的な左脳」で思考が成り立っているとよくいわれますが、その右脳と左脳をつないでいる脳梁《のうりょう》という神経の束がありま す。その神経の束は、男性よりも女性のほうが太いのです。

そのおかげで、会話をするときに、女性は脳全体を使って話をしていることがわかっています。

太い脳梁は女性の左脳と右脳の連携を迅速にし、優れた洞察力や記憶力を生み出します。そのため、会話をしながらでも相手の感情をくみ取って、何とか共感を得ようとするのです。だから、周りの人と話をして共感を得ると安心する。つまり、おしゃべりがストレスの解消になるわけですね。

一方、男性は左脳だけで会話をするので、理論立てて話を絞ることによって結論を導き出そうとします。この傾向は、獲物を素早く仕留めなければならないというオスの本能が影響しているといわれています。目標を一点に絞って、全力を尽くせるようになっているのです。ただし、ひとつのことに集中して思考が内向きになるので、周りのことが見えなくなるという欠点があります。

もちろん女性の脳にも欠点はあります。複数のことを同時並行的に考えられて勘も鋭いのですが、扱う情報が多いので混乱しやすく、結果的に感情的になりやすいといわれています。

整理してみると、男性は理論立てて必要事項を話そうとするのに対し、女性は無駄な話も会話の中に入ってきます。

余計な会話が多くなりがちな女性は「よくしゃべる」といわれるわけです。

ひとつのことに集中する傾向のある男性が、余計なことも含めて話す女性の話を聞くのが苦手なのも頷《うなず》ける話です。

繰り返しますが、女性が感情的になりやすいのは「話をしているときに言語中枢以外のところも使っているので、すべての情報が混在してしまい、まとまった話ができなくなる傾向があるからだ」といわれています。

一方男性の場合は、会話するときに使う部分、理論を組み立てるときに使う部分、感情的になる部分というのが、脳の中で区分けされています。だから会話中などは感情的になりにくいのです。

男女が口ゲンカしたときに、たいてい女性に男性が言い負かされてしまうのは、「男性は必要事項をまとめようとひと手間かけるので、女性のように感情的な素早い対応ができにくいからだ」ともいわれています。

第３節　夫婦円満の秘訣

①　仲良し夫婦の法則①　相手を変えようとしないこと

それでは、これらの脳の特性の違いを基にして、夫婦円満の秘訣を考えてみましょう。

フランスの作家ジャック・シャルドンヌは次のように言っています。

「愛するものと一緒に暮らすには一つの秘訣がいる。すなわち相手を変えようとしないことだ」

夫婦円満の秘訣は、相手を変えようとしてズケズケと言わないことです。

「夫婦なのだから、言いたいことは率直に言い合ったほうがいいんじゃないの」という意見もあるでしょうが、やはり言わないほうがよいのです。

私たちは、つい相手に自分の価値観を押しつける傾向にあります。

仕事では相手に嫌われて仕事に支障をきたすので自重《じちょう》しますが、定年後の解放感もあり、家庭ではどうしても気が緩《ゆる》みがちです。「長年連れ添った相手だから何を言っても許される」と勝手に解釈して、遠慮も会釈もなしに相手に自分の価値観を押しつけてしまうことはありませんか？

以前、飲み会で誰かがこんなことを言っていました。

「男女の関係って、『最初はドキドキ、次にソワソワ、結ばれてラブラブになるけど、やがてグチグチ（愚痴愚痴《ぐちぐち》）になり、最後はズケズケ言い合う』みたいな経過をたどるのかなぁ」

例えば、妻が「トイレの蓋《ふた》閉めてよ」「散らかしたもの片づけてよ」と言うと、夫も「ご飯が硬いぞ」「冷蔵庫いっぱいだな。臭うぞ」などと、よその人には言えないような愚痴を平気で言ってしまいます。

それが慣れてくると「あんた、もっと早起きしなさいよ」とか「お前もっと痩《や》せろよ」と、相手の気持ちや価値観を無視したことをズケズケと言ってしまうようになります。「ああしてほしい」「こうしてほしい」と、自分好みに相手を変えようとしてしまう。それがいけないのです。

人間は、自分を変えることすらなかなかできません。ましてや相手を変えることなんて、まず不可能です。相手を変えようと自分の価値観を押しつけても、二人の関係に亀裂が入るだけです。

「夫は妻に逆らわない」「妻は夫に期待しない」――お互いに相手を変えようとしないことが重要です。

2 仲良し夫婦の法則② 甘えをなくす

本来、年を取るということは、人情の機微《きび》がわかるようになるということです。自分の経験から「相手はこう言われたら困るだろう」「これを言っちゃぁ、おしまいだよね」ということがわかった上で、上手に話せるようになる。

そうした手慣れた「人扱い」が、いちばん身近な夫婦間では特に大切です。相手に気を遣《つか》わず、言いたいことを言うのが定年後の特権だと思ったら大きな間違いなのです。

もちろん、長年、組織の中でサラリーマンとして働いてきた男性の場合は、周囲に気を遣うことに疲れ果てているかもしれません。だから「定年後は気を遣わずのびのびと」という気持ちはわかりますが、実はそういう甘えは許されないのです。

これまで会社で気兼ねしすぎて、言いたいことも言えず、我慢を重ねてきた人は特に注意する必要があります。反動とは怖いもので、自分を抑えてきた人ほど「この年になったら何を言ってもいいのだ」とばかりにズケズケ言い散らかす放言居士《ほうげんこじ》になることがあります。さらに、一番身近で長年連れ添った相手だから「何を言っても許されると」と思ったら、ますます危険です。長年連れ添った相手だからこそ、言ってはいけないことがたくさんあるのですから。

配偶者の親族に対する悪口も慎みましょう。「あの人、育ちが悪いから」とか「あの人だらしないよな」と、親や兄弟のことを言われると気分が悪いもの。こちらは別に暴言のつもりはなく、何気なく事実をありのまま言ったのだとしても、相手を傷つける可能性があるので要注意です。否定的な言葉には鋭い刃があり、人の心をザクッと傷つけます。一度自分の口から出た言葉は、決して取り消すことはできません。

配偶者も、もとより他人です。いろいろな欠点も承知の上で結婚した以上、その欠点をえぐり出すような言葉は、たとえ何年連れ添っていたとしても、その関係を破壊してしまう可能性があることを肝に銘じておきましょう。

「長所は両目で、短所は片目で見る」という言葉がありますが、たとえ配偶者やその親族にいたらないところがあるにしても、身近な人だからこそ率直に言うのではなく、逆に片目で見る（大目に見る）くらいの配慮が必要なのです。

夫婦だからといってお互いに甘えないこと。それが仲良し夫婦になるためには大切です。

3 仲良し夫婦の法則③　鈍感力を磨く

もうひとつ大事なのは、「鈍感力」を身につけることです。

例えば、甘えなのか何も考えていないのかわかりませんが、こちらが嫌だなと思うことを相手が言ったとしましょう。そのときは「育ちも違うし、もともと他人なのだから仕方ない」と思ってスルーするのが、精神衛生上いちばんです。

相手の嫌な言葉に対して、すでに免疫力をお持ちの方もいらっしゃるとは思いますが、ユーモアでかわすとか、笑い飛ばすとか、深呼吸をするとか、いくつかの方法がありますが、いずれにせよ、鈍感力を発揮して感情的にならないことが大切です。

「相手の否定的な言葉や態度に鈍感になること」が、夫婦が仲良くいられるコツなのです。

そして、自分のやりたいことに熱中する。ポジティブ心理学で「フロー」という概念を説明しましたが、何かに夢中になっているときには、貴重な時間が惜しくて相手の愚痴などにかまっている暇はありません。

だいたいが暇を持て余しているときに、相手の言葉に過敏になるのです。

相手の言葉が気になったら「ああ、自分は今、貴重な人生の時間を浪費しているのだな」と反省してみることです。

4 仲良し夫婦の法則④ 相手に過大な期待はしない

さらにもうひとつ大事なことは、「夫婦なのだから、愛情があって当然。つき合ってくれて当然」といった、過大な期待を抱かないことです。

私も過去にはそういうことが多くありました。相手に過剰に期待してしまい、期待どおりにならないとイライラしていたことが反省点として思い出されます。

これは心理学でわかっていることですが、人は相手に対して「当然こうあるべき」と思い込んだり期待したりしていると、その思い込みや期待が外れたときに落胆やいら立ちを覚えます。相手に期待をし、その期待が外れるから落胆し、心を傷めるのです。初めから「相手は違う生き物、違う価値観の持ち主なのだから、自分の思ったとおりに行動してくれるはずがない」と悟っていれば心は傷みません。

「夫婦間で相手に過大な期待を抱かないこと」が、夫婦が仲良しでいられる秘訣なのです。

5 仲良し夫婦の法則⑤　ちょうどよい距離を保つ

夫婦仲が悪くなる原因は、ほとんどのケースが近づきすぎです。心の距離が遠すぎるのではなく近すぎる。心理学ではこれを「ヤマアラシのジレンマ」と呼んでいます。

2匹のヤマアラシが恋に落ちてラブラブになる。それはいいのだけれど、あまりに近づきすぎると、お互いの棘が刺さって相手を傷つけてしまいます。

男女の関係もそれと同じです。先ほどの飲み会での話ではないですが、お互いに近づきすぎると、言わなくてもよい愚痴や相手の気分を害することを言ってしまう可能性があります。そんな、ちょっとしたことが積もり積もって「あなたとはもうやっていけません」という悲しい結果にもなりかねません。

多くの熟年女性は「旅をするのなら、夫とではなく仲の良い友達と行きたい」と思っているようです。

男女の脳の違いを思い出してください。女性は、おしゃべりして情報を共有することが最高のストレス解消になります。

男性が一日に発する単語数は7000語。一方、女性は2万語だそうで、女性が一日に発する単語数は男性の約3倍です。女性にとっては、言葉を発することがストレス解消につながっているようで、6000語以下しか話せないと女性の脳はストレスを感じやすくなるそうです。

そういう男女の思考の違いがわかれば、妻の気持ちが理解できるはずです。友人たちとの旅行や食事会は、いくつになっても女性にとって大切な時間なのです。

したがって、妻に楽しい時間を過ごしてもらいたいと思っているのなら、「ワシも族」や「濡れ落ち葉」になるのではなく、気持ちよく送り出してあげることが大切です。

つまり、いい夫婦関係を長続きさせるには、ちょうどよい距離感を保つのがコツ。遠すぎても近すぎてもいけないのです。「お互いに自立していて、干渉し合わずに、よい距離感を保つこと」が、仲良し夫婦の秘訣だといえます。

6 仲良し夫婦の法則⑥　たかが挨拶されど挨拶

それでは「夫婦の距離感をうまく保つにはどうすればよいのか」というと、それは挨拶《あいさつ》です。「たかが挨拶……」と思われるかもしれませんが、バカにしてはいけません。

「おはよう」、「おやすみ」、「行ってきます」、「行ってらっしゃい」、「ただいま」、「お帰り」、「いただきます」、「ご馳走さま」――。こんな挨拶を日常的に交わしていれば、遠すぎず近すぎずの、ちょうどよい距離感を保てるようになるのです。

それに、挨拶をしていると、不思議なのですが、なぜか不満が減ってきます。なぜか優しくなれるし、なぜか許してあげられる。昔から「親しき中にも礼儀あり」といいますが、挨拶はほどよい距離感を保つツールになってくれるのです。

柔道とか剣道とか、高校野球などもそうですが、最初と最後にきちんと挨拶をするからトラブルが起こらない。夫婦もそれと同じで、挨拶を習慣にすると驚くほどトラブルが少なくなります。

さらに、挨拶は相手を承認するということにもつながります。相手をお互いに承認し合うことによって関係性がよくなることは、ポジティブ心理学でも証明されています。

ある満足度調査では家族で挨拶するグループは「関係性に満足している」と答えた人が80％以上、一方「挨拶しないグループ」で「関係性に満足している」と答えた人はたったの19％でした。挨拶ひとつで相手に対する満足度に相当な差が生まれてきます。

ちなみに、この調査で挙がった挨拶をしない理由としては、「何となく照れくさいから」という理由が多かったとのことです。しかし、例えば妻にお茶を入れてもらったときに、「いちいち『ありがとう』なんて言わなくても、こいつとは30年以上も連れ添っているのだから、言わなくてもわかっているはず」などと勝手に思い込まないことです。声に出して伝えることが重要なのです

他人には挨拶するのに、最も身近な人に挨拶を怠るのは本当にもったいないことです。

自分の妻や夫には照れくさくてなかなか言えない、という人が多いのもわかりますが、挨拶するのはタダ。1円もかかりません。

必要なのは初めのちょっとした勇気だけです。面と向かっては「照れくさくて言えないよ」という場合は、新聞を読むふりをして顔を隠して「ありがとう」と言えばいいのです。

「おはよう」「お帰りなさい」と言った数だけ夫婦は仲良くなります。

「ありがとう」と言った数だけ夫婦は仲良くなります。

「ごめんね」と言った数だけ夫婦は仲良くなります。

ささやかなことですが、その効果は絶大です。

一番身近な夫婦間だからこそ、言葉にして挨拶をする。それが円満な夫婦関係のコツだと、私は確信しています。

7 仲良し夫婦の法則⑦ 感謝の言葉を書く習慣をつくる

「ありがとう」という感謝の言葉には力があります。

「言霊」という言葉をご存じの方もいると思いますが、相手に感謝してそれを言葉に出すことで、関係性がすごくよくなるものです。

また、口に出すだけではなく、感謝の言葉をノートに書き出すことも効果があります。これはポジティブ心理学でも証明されている事実です。


第1章で少しだけ登場してもらったタル・ベン・シャハーですが、彼はハーバード大学で哲学と心理学を学んで博士号を取得し、講師も務めました。彼が担当したのはポジティブ心理学やリーダーシップ心理学で、学生が殺到する伝説的な人気だったといいます。

現在は母国のイスラエルに帰っていますが、オンラインで幸せに関するセミナーを実施しています。私も彼のセミナーに出たことがありますが、そこでやるのが感謝のワークです。


原型は、ハーバード大講師時代のタル・ベン・シャハーが、心理学者ロバート・エモンズやマイケル・マッカローらの研究実験を基に、毎晩寝る前にちょっとしたことでよいので感謝できることを5つ書くことを、学生に課題として出したものです。

実際に毎晩1~2分かけて感謝できることを書き出したグループは、何もしなかったグループに比べて幸福感が高く、意思が強固でエネルギッシュになりました。しかも人に対して優しくなり、さらに加えてよく眠れるようになって、体調までよくなったそうです（図1）。

私も大学で教えていますが、期の初めに学生の自己肯定感と自己効力感（自信）の検査をし、毎週1回の授業に、毎日書いた「感謝ノート」の提出を義務づけています。15回の授業の最後に同じ検査をすると、例外なく自己肯定感や自信のスコアが上がっています。

シニアの皆さんもノートを1冊用意してください。そして毎日、その日一日を振り返って、ささいなことでもかまわないので「感謝すべきこと」を日記代わりに書き出してみましょう（図2）。

そんな簡単なことを習慣化するだけで、体調もよくなり、パートナーとの関係性もよくなることをお約束します。ぜひトライしてみてください。

図1　ハーバードの人生を変える授業のひとつ「感謝のワーク」

Even Happier Tal Ben-Shahar（タル・ベン・シャハー）

ちょっとしたことでよいので、毎日、感謝できることを5つ書く

⇒ 人生をもっと肯定的に評価できるようになる
⇒ 幸福感が高くなる
⇒ ポジティブな気分を味わえるようになる
⇒ よく寝れるようになり、より多く運動するようになり、
身体的な不調も減る

（心理学者　ロバート・エモンズ、マイケル・マッカローらの研究）

8 仲良し夫婦の法則⑧ 傾聴のスキルを身につける

夫婦間に限らず、人は自分の話を心から共感して聞いてもらえたとき、その人への信頼感が増すとは思いませんか？

人はしゃべりたい生き物なのです。特にストレスがたまったときには、それを誰かに聞いてもらって吐き出すことで、すっきりします。

しかし通常、カウンセリングやコーチングを受ける機会などを除いて、なかなか最後までちゃんと話を聞いてもらえる機会はありません。

男女の脳の違いのところで述べましたが、とりわけ女性は男性より3倍もおしゃべりです。女性にとっては、おしゃべりして、それをしっかりと聞いてもらい、共感してもらうこ

図2 感謝の言葉を寝る前に5つ書く

1. プールで泳いですっきりした。
2. 電話で母と話せてお互いの近況を聞くことができた
3. BSテレビの「映像で見る世界の世紀」を見て感動した。
4. 久しぶりに昼間、一蘭のラーメンを食べ美味しかった。
5. 友人とズームで話をし、励まし合うことができた。

とが最高のストレス解消になるのです。

このことを理解していれば、夫婦円満の秘訣は「夫が妻の話を共感的にしっかりと聞いてあげる」ということになります。面倒くさいかもしれないですが、自分の言いたいことを言うのではなく、相手の言わんとすることを無条件で聞くこと。その意識が大事です。


ただ、そうは言っても人間はなかなか相手の話を聴くことができません。なぜなら、人間の脳がそういう風にできているからです。

人は1分間に100~200語ほどの言葉を発することができます。しかし、聴くほうの脳はそれよりもっと速いスピードで相手の話を理解できるため、そこに脳の待ち時間が生じます。その待ち時間を、「本当は何を言いたいのか」と相手の真意を聴き分けるために使えばよいのですが、往々にして「何つまらないこと言っているのだろう」「もう少し要領よく、結論からしゃべってくれないかな」といった、自分自身の内なる声のほうを聞いてしまうのです。

繰り返しになりますが、男性は左脳だけで会話をする傾向にあります。また、会社勤めでもビジネスでも、話は結論から、しかも簡潔にと訓練されているので、論理的に考える癖がついています。

ですから、本当に相手の話を聴くためには、意図的に「相手の話をちゃんと聴こう」と身構える必要があるわけです。

本書でも使い分けていますが、「きく」には「聞く」と「聴く」があります。

本当に相手の話を「きこう」と思ったら、単に耳だけではなく目と心も活用しながら「聴く」必要があります。目の色や相槌《あいづち》で相手に「聴いていますよ」と明確に意思表示することが大切なのです。

新聞を読みながら、あるいはスマホを見ながら「ふんふん」と「聞く」のではなく、パートナーの目を見て頷きながら、心で受け止めながら「聴く」ことが大事です（図3）。

図3 心から耳を傾ける

目と耳で心を用いて誠心誠意相手の話を聴くこと

パートナーとの会話の目的はビジネスとは違います。とりとめのない話かもしれませんが、話をすることで「お互いに分かり合える」「お互いにたまっていることを吐き出してストレスを解消する」、そして「仲良くなる」ことが最大の目的なのです。

私自身これを実行して、前よりも妻の話を聴けるようになり、お互いに分かり合えるようになりました。

自分の話すこと2割、聴くこと8割。これくらいが夫婦円満にとってちょうどよいバランスとなります。読者の皆さんも、ぜひチャレンジしてみてください。

9 仲良し夫婦の法則⑨ スキンシップを活用する／ハグをする

「仲良し夫婦の法則⑤」でヤマアラシのジレンマについて紹介しました。

そこでは、夫婦は「ちょうどよい距離感を保つことが大切だ」と述べましたが、その一方で「逆もまた真なり」という言葉があるように、「近づくなら、とことん近づく」ことも夫婦円満にはすごく効果的です。

第3章の「よい関係性を築く」のところでも述べましたが、スキンシップ、特にハグによって脳から絆《きずな》ホルモン「オキシトシン」が分泌されることが知られています。お母さんが赤ちゃんを抱いたり、お互いにハグしたりすることで分泌され、ますますお互いの絆が深まるのです。最近の研究では副作用として「嫉妬心《しっとしん》」にも関与する報告もありますので、特定の人とだけ絆を深めたいということなのかもしれません。

以前、私のレジリエンス（困難を乗り越える力）セミナーに参加された女性の研修講師の方がおられました。シングルマザーであり、子供さんの引きこもりで悩んでいるということでした。

セミナーで、「ハグすると脳からオキシトシンが出て絆が深まる」という私の話を聞いて、早速、外出する前に嫌がる娘とハグするようにしたそうです。最初は「おかあちゃん、何するのよ」と言っていた娘が、「ハグを習慣化するうちにだんだん明るくなり、『私、パートで働く！』と言ってコンビニで働き始めた」と、ハグの効果を話してくれました。

他にも、倦怠期《けんたいき》の夫婦が「ハグを習慣化することによってラブラブになった」という体験談を聞かせてもらったこともあります。

もちろん、ハグだけでなく、ちょっとしたことでもかまいません。

以前、私の研修の師匠、箱田忠昭先生からこんな話を聞いたことがあります。箱田先生ご夫妻は、奥様も研修講師をしておられ、仲の良い「おしどり夫婦」で知られています。夫婦仲良しの秘訣について聞いたところ、奥様が外出する前に、それとなく奥様の腰やお尻のあたりを触るのだそうです。

「ちょっとしたスキンシップが夫婦相和《あいわ》すコツだよ」と、片目をつぶって笑いながら言われたのを覚えています。

欧米やラテンの人たちは、当然のように挨拶代わりにハグをします。このようなスキンシップというか、身体的な接触がオキシトシンを分泌させる引き金となり、関係性をよくすることがわかっています。

読者の皆さんも最初は違和感があるかもしれませんが、一度試してみてください。習慣化すれば仲良し夫婦になれること間違いなしです。

⑩ 仲良し夫婦の法則⑩ 記念日を活用する

読者の皆さんは、結婚記念日や誕生日、あるいはバレンタインデーやホワイトデー、いい夫婦の日（11月22日）などに、お互いにプレゼントの交換をしたり一緒に食事に行ったりしていますか？

商業ベースの記念日ではありますが、せっかくこういう機会があるのですから、特にシニアの皆さんは「人生の後半を幸せに暮らす」ためにも、これらの記念日を活用して絆を深めることをお勧めします。

例えば感謝の気持ちを伝えるにしても、急に手紙やメールを送るのは不自然に映るかもしれません。であれば、こういう記念日を活用して、お礼の手紙やメールを送るのもよいのではないかと思います。

私たちは何か事を起こすのに、結構、理由を必要とします。

奥様は「友達と行く旅行」のほうがたくさん喋《しゃべ》れていいかもしれませんが、それはそれです。記念日などを口実に旅行に誘うことは可能でしょう。

ぜひ、こういう記念日を活用して何か一緒に活動する習慣をつくってみてはいかがでしょう。一緒に海外旅行や温泉旅行に行くのもよいのではないでしょうか。

他にも、夫婦で共通の趣味を持つのもよいかもしれません。私の友人夫婦は神社仏閣を巡る旅を始めました。義姉夫婦は一緒に般若心経《はんにゃしんきょう》を写経しています。私の兄貴夫婦は、奥さんにゴルフを勧めて一緒に練習に行ったり、野菜づくりを始めたりしています。

要は何か一緒のゴールを持つことです。「吊《つ》り橋効果」という言葉を聞かれたことがあるかと思いますが、一緒に冒険をすると絆が深まります。

「『あの世』に持って帰れる」のは、新しい体験と感動だけだといわれています。ぜひ、夫婦で時間と空間を共有して、一緒にお互いの体験価値を増やしていきましょう。

第4節 幸せな老後に最も影響を与える夫婦関係

① ポジティブとネガティブの比率は5対1

少し長くなりましたが、仲良し夫婦になるコツを紹介させていただきました。

幸せな老後を過ごすには、やはりパートナーとの関係性が最も重要です。

ところで、ワシントン大学教授で心理学者のジョン・ゴットマンは、長年にわたり「成功したカップル」と「失敗したカップル」の関係について調査しています。その結果、長期にわたり良好な関係にあるカップルは、ポジティブな関わりとネガティブな関わりの比率が5対1であると指摘しています。

「怒りや批判や敵意を表す」といった行為が1の割合だとしたら、「互いに親切にする」「共感を表す」「関心や愛情を示す」といった行為が5の割合だというのです。

この研究で重要なポイントは2つあります。

ひとつは「ネガティブな関わりも重要だ」ということ。もうひとつが「ポジティブなことはネガティブなことの約5倍必要だ」ということです。

人間だから当然、夫婦ゲンカもするでしょう。夫婦間で全く衝突がないとしたら、それは二人がお互いに無関心で、全く向き合っていないということかもしれません。

「夫婦喧嘩《ふうふげんか》は犬も食わない」といいますが、相手に配慮しすぎるのではなく、言うべきときには率直に話をすることも重要です。

幸せ夫婦になる10のコツ、いかがだったでしょうか？

今、あまりうまくいっていないというシニアの方々も、勇気を出して、できる範囲で結構ですので自分に合った実行できそうなことにチャレンジしてみてください。

第1章で述べた、「セルフ・コンコーダント・ゴール」には、一番身近な「夫婦の絆を深めること」も目標として入れるとよいでしょう。なぜなら、ポジティブ心理学でも証明されていますが、人は「一人で喜ぶことよりも喜びを共有したほうがはるかに幸せ」と感じることができるからです。

時間のところでも述べましたが、「楽しさを共有することで時間が濃くなる」ということもわかっています。自分の個人的なゴールとともに、夫婦で何か一緒にチャレンジできるゴールを持つことができれば、さらに人生が楽しくなるのは必定です。

もちろん、無理に相手に強要したり、相手の趣味に干渉したりするのはご法度《はっと》です。ヤマアラシのジレンマではないですが、ちょうどよい距離感を保ちながら、人生の後半を夫婦相和して、楽しく幸せに歩んでいってください。

〈間違い：①③⑤⑦⑪〉

第5章

地球という星で機嫌よく生き抜く知恵と処方

第1節 地球は苦難に満ちた星

① 四苦八苦の世界

「四苦八苦」という言葉があります。仏教の術語《じゅつご》ですが、人は「生《しょう》・老・病・死」という人生の四苦から逃れることができません。そして、その中の「老い」はすべてに関わっています。「老い」を上手にコントロールすることは、定年後の大きな課題です。

ちなみに、残りの四苦は何だかご存じでしょうか？　以下に私自身の体験とともにご紹介します。

「愛別離苦（あいべつりく）」愛する人と別れる苦しみ

「怨憎会苦（おんぞうえく）」憎い人と出会う苦しみ

「求不得苦（ぐふとくく）」求めても得られない苦しみ
「五陰盛苦（ごおんじょうく）」五感煩悩から来る苦しみ

◎「愛別離苦」――祖父母や父の死、仲の良かった同僚や可愛がっていた後輩の死など、たくさんの別れを経験してきました。
◎「怨憎会苦」――私自身、会社勤めをしているときには「何でこんなわからず屋の上司と仕事をしなければならないのだろうか？」と悩んだこともあります。
◎「求不得苦」――部長職となりかなり高い年収を得ていたにもかかわらず、さらに欲望は膨らみ「もっと高い地位を、もっと高い年収を」と、切りがありませんでした。
◎「五陰盛苦」――それこそ、自分でコントロールできないような煩悩からくる怒りや悲しみ、憎悪などの心の苦しみに翻弄されたこともあります。

こうしてみると、まさに人生は四苦八苦の連続だなと実感することができます。多くの人がそうだと思うのですが、私たちはこの世で生活する限り、仏陀が悟ったという「四苦八苦」の世界からは逃れられないのです。

② VUCAワールド

次に、今の時代について考えてみましょう。

今はよい意味でも悪い意味でも、何が起こるかわからない非連続の時代です。連続していないということは、つまり社会にも個人にもどんなことが起こるかわからないということです。

そんな社会のことを、最近はVUCAという言葉で表現します。予測が難しくなった時代の側面を4つ挙げ、それぞれの頭文字をつなげたものです。

●V—Volatility：変動性（変化の性質、量、スピード、大きさが予測不能のパターンを持つこと）
●U—Uncertainty：不確実性（問題や出来事の予測がつかないこと）
●C—Complexity：複雑性（多数の理解困難な原因、抑制因子が絡み合っていること）
●A—Ambiguity：曖昧性（出来事の因果関係が全く不明瞭で、前例もないこと）

このＶＵＣＡは、もともとは軍隊で使われていた言葉でした。しかし２０１０年代に入ると、ビジネスで盛んに使われ始めます。

ここ1～2年を振り返ってみても、新型コロナの問題、大規模な山火事、台風による大水害や大規模停電、働き方の変化、子供の貧困の問題、アメリカ大統領の交代、米中の対立、ミャンマーの政変、ラインなどに見られるネット社会の危うさなど、不確実性の事例を挙げれば切りがありません。

つまり現在の私たちは、四苦八苦の世界であると同時に、ＶＵＣＡワールドと呼ばれる、不確かで曖昧な、絶え間なく変わり続ける時代を生きているのです。

3 多くの定年後シニアたちの現実

現実に、私の友人や知人を眺めてみますと、体の不調や病気で病院通いをしている人もいますし、そういう人たちの多くが一緒に暮らしている家族の不調も訴えています。というのも、病気とは「気を病む」と書きますが、家の中の「気」のエネルギーが低下すると、他のメンバーにも影響を与えるからです。

他にも、パートナーとの関係が悪化し、家庭内別居で離婚寸前の状態の人や、何かの拍子で友人との関係が悪化して孤独感を味わい、鬱々《うつうつ》と暮らしている友人もいます。あるいは、第1章で述べた「キョウヨウとキョウイク（今日、用がある。今日、行くところがある）」が見つからず、毎日の生活が惰性に流されてしまっている友人もたくさんいます。

退屈を紛らわせるために、一日中テレビを見たり、ビデオやインターネットにはまったり、図書館巡りをしたり、あるいは昼間から酒を飲んだりすることもあるようです。

このように無駄に時間をつぶすことを英語では“Killing Time”（キリングタイム）と表現しますが、暇をつぶすためだけにせっかく与えられた貴重な時間を文字どおり殺してしまっている状況は、本当にもったいない話しです。時間は命です。退屈して時間を浪費することは、貴重な命を無駄にしていることと同じなのです。

さらにいえば、時間を無駄にしていると自分の深いところにある良心が「間違っているよ」と声をかけてきて、自己肯定感が持てなくなってしまいます。

逆に、心の奥にある本来の自分が「イエス」と言ってくれる正しい時間の使い方をすれば、充実感や自己肯定感が湧いてきます。それが私たちの幸せにもつながるのです。

ぜひ、何か自分で没入できるものや、人のためになることに貴重な時間を充てるようにしてください。

人間が現実に住んでいる世界のことを仏教では「娑婆《しゃば》」といいますが、苦しみが多くて忍耐すべき世界であるとされています。したがって四苦八苦は避けられませんが、四苦八苦の海に溺れてしまう必要もありません。それらを上手に乗り越えていく方法はいくらでもあります。

これまで、ポジティブ心理学をベースにしたいくつかの方法を示してきましたが、さらに一緒に解決策を考えていきましょう。

第2節 地球で幸せに生き抜くためのマインドセット

① 苦しみや困難な出来事が、人を進化・成長させる

世の中を眺めると、現実に四苦八苦があるのは否《いな》めない事実ですが、一方で四苦八苦を上手に乗り越えて、むしろ前よりも明るくイキイキと暮らしている方もたくさんいます。

加齢に伴い不都合なことが起こってくることは避けられませんが、その体験をバネにして幸せをつかむことは可能なのです。ポジティブ心理学ではこれを「ＰＴＧ（Post Traumatic Growth：トラウマ後の成長）」と呼んでいます。

困難な出来事や逆境を上手に乗り越えることで、新しい気づきや学びを得て人間的に成長することです。

第２章で説明しましたが、私たちが、制限が多く四苦八苦に満ちた「地球という星」に

わざわざやって来た理由は、本質生命体の学びと進化のためです。

そういう意味では、困難や逆境を乗り越えることで「自分でもよくやった」という達成感や自己肯定感、充実感が湧いてきます。同時に新しい「学び」や「気づき」を得て進化することで、自分の「この世」での使命を果たすことにもつながります。

人生に苦しみはつきものですが、実はその苦しみこそが自分を強くし、自分を成長させ進化させるためのものだということがわかったとき、その苦しみをもたらした出来事に対して「ありがたい」という感謝の気持ちが湧いてきます。

私はかつて、墨田区のアマチュアオーケストラに入っていたことがありますが、ベートーベンの交響曲第9番が好きでした。この曲の根底には、ロマン・ロランの『ベートーベンの生涯』に出てくる有名な言葉、「苦悩を突き抜け歓喜にいたれ！」の精神を垣間見ることができます。

大きな成功のためには苦難や葛藤《かっとう》、逆境体験が必要だといわれています。なぜなら、人生には逆境や修羅場《しゅらば》体験を通さないと見ることができない世界があるからです。

逆境を通して成長し、人生の成功を勝ち取った人の事例はたくさん紹介されています。

例えば南アフリカの元大統領ネルソン・マンデラ。彼の自叙伝《じじょでん》『自由への長い道』は映画にもなりましたが、南アフリカのアパルトヘイトの廃止を勝ち取った「苦難を超えて歓喜」にいたる道が示されています。

私の身近にも、両親が離婚し仕送りがない中、生き抜くために寝る間もないほどのアルバイトをこなしながら、優秀な成績で大学を卒業した教え子がいます。現在は世界的なコンサルタント会社で活躍していますが、一度、彼を私のセミナーに無料で招待したことがあります。

セミナー後の懇親会で「なぜ、たくさんの困難にもめげずに頑張れたのか」と聞いてみました。

彼は「両親の離婚や、仕送りが途絶えて大変だった逆境こそが自分への甘えを取り去り、自分を強くし、生き抜く術を教えてくれた」と言っていました。

こういった事例を通して、私たちは「人生における苦難や逆境、思いどおりにならないことこそが、大きく成長し成功するために必要なのだ」と理解できるのです。

人生100年時代、私たちシニアも何かに挑戦しようとすると、それを阻むような困難な出来事に遭遇することがあると思います。

しかし、何かに挑戦するときに、やすやすと達成できては挑戦のしがいがありません。ポジティブ心理学のフローの解説でも述べましたが、挑戦することがやさしすぎると退屈になってしまいます。

フローになるためには、私たちの前に立ちはだかる困難な出来事が必要なのです。困難な出来事にもめげずに挑戦していくときに初めてフローが起こり、自己達成感を感じることができます。

この自己達成感は、セリグマンが持続的な幸せの要素として挙げているＰＥＲＭＡ（第3章で紹介した幸せのモデル）のＡ（達成）でもあります。

人生に遅すぎるということはありません。繰り返しになりますが、第1章の「セルフ・コンコーダント・ゴールの見つけ方」を参考にしていただき、自分が心の底からやりたいこと見つけて、そのことに没入し、達成感を味わってみてください。

それが定年後シニアの幸せにつながることを、ポジティブ心理学が証明しています。

❷ 起こっていることはすべて正しい

以前、経済学者の勝間和代さんが「起こっていることはすべて正しい」と言われているのを見聞《みき》きしたことがあります。

確かに、よく考えてみるとあらゆる出来事は偶然に起きたというよりは、「自分の成長のために自分の深いところで自らが選び取った」と見ることもできます。見方を変えれば、あらゆる出来事が「自分の成長のために必要、必然、ベストで起こってきている」と受け取ることもできるのです。

私も会社勤めをしていたとき、しょっちゅう小言ばかりの、そりの合わない上司がいました。一時は上司との人間関係に苦しみ、会社を辞めようかと思ったこともあります。

あるとき、その上司からひどい言葉を投げかけられて、非常に悔しい思いをしました。悔しさをそのまま放っておくとストレスに潰されてしまいそうでしたので、学生時代の親友を飲みに誘い、話を聞いてもらいました。

この親友は、何でも思ったことを率直に言ってくれるありがたい存在です。飲みながらじっと私の話を聞いていた彼は、私の顔を覗《のぞ》き込んで「お前、今すごく悪い顔しているぜ」と言うのです。

「話を聞くと、悪いのはお前の上司だよな。だからお前の上司が悪い顔になるのならわかるけど、お前が悪い顔になるのは割に合わないんじゃないか」

そしてさらに、「人生に現れてくる嫌な奴は、実は自分の嫌な部分を映し出している鏡であって、すごく縁の深い人かもしれない。あとで振り返ると、自分のいたらなさを教えてくれる貴重な存在かもしれないぜ」と語ってくれました。

この言葉は私に響きました。

「確かに、上司はひどい言葉を発した。しかし、一方で自分もその言葉を真に受けて反発的になり、自分で勝手に傷ついていたのかもしれない」

そのように、冷静に自分自身を振り返ることができたのです。

彼はまた、こうも言いました。

「あいつから、あんなことを言われて昼飯も喉《のど》に通らないとしても、あいつはしっかり食っている」

「あいつに、あんなひどいことを言われて夜も眠れないとしても、あいつはしっかり寝ている」

「損しているのはお前じゃないか」

私は「なるほど」と目から鱗が落ちました。

それからは、その嫌な上司に対する見方が変わり「この上司は、私の気づきや成長のために、わざと嫌な役回りを演じてくれているありがたい存在なのかもしれない」と受け止められるようになりました。

そして、こちらがそういう思いで接することにより、その嫌だった上司が逆に物わかりのよい上司に変わってしまったことを体験をしたのです。

こちらが「嫌な奴だ」と思っていると、口には出さなくても態度やニュアンスで相手にそれが伝わります。それを「嫌だけど、自分の気づきのためにあえて小言を言ってくれたのだ」と、こちらが見方を変えれば、その思いが相手に伝わり関係性が変わってくるのです。

その嫌だった上司とは、今ではときどき一杯やり合う間柄になっています。

人生には苦難や困難はつきものですが、視点を変えることで、それを乗り越えることは可能です。

そして、困難を乗り越えることにより、自分自身をさらに進化、成長させることができて、「この世」での使命を果たすことが可能となります。

視点を変えるという意味は、今与えられていることに対して感謝の気持ちが持てるということです。どうすれば感謝の気持が持てるのでしょうか？

3 失ってみて気づく「当たり前と思えること」のありがたさ

糖尿病の合併症で腎臓を傷め、透析を余儀なくされている私の友人がいます。週に3回治療しなければならないそうですが、時間もかかるし、透析中は本なども読める状態ではなく、とても大変だと言っていました。

たばこの吸いすぎで肺の機能が悪くなり、いつも酸素吸入をしている友人もいます。

すでに紹介しましたが、パーキンソン病で歩行が困難になったとのことで、車椅子姿で同窓会に参加していた学生時代の友人もいました。

私たちが、今、健康で過ごせるということは、そうではない人から見るととても羨《うらや》ましいことだと思います。しかし、私たちは普段、健康でいられることの幸せやありがたさを忘れてしまっています。

島秋人さんという歌人をご存じでしょうか？

許されて働くしぐさを夢うちにありありとみてわれは生きたし

彼の短歌です。彼はもうこの世にはいません。彼は死刑囚でした。1962年に判決が確定し、67年に刑が執行されます。その5年間は「毎日歌壇」に短歌を投稿し続け、選者である窪田空穂《くぼたうつぼ》の目にとまり、63年には毎日歌壇賞も受賞しました。死後に『遺愛集』（東京美術）という短歌集も出版されています。

彼の短歌からは「生きたかった。もう一度汗を流して働きたかった」という声が聞こえてきそうです。彼が起こした事件は許されるものではないのですが、この歌から私は、生きて働けることのただごとではない尊さを感じます。私たちは働けることを当たり前のように考えていますが、そうではない人がいることも忘れてはいけないのです。

「足るを知る」という言葉があります。語源は、老子（中国の思想家）の「知足者富（足るを知る者は富む）」という言葉です。

ただし、「富む」といっても「お金持ちになる」という意味ではなく、「幸せになれる」といったほうが適切かと思います。

多くの苦しみは、「足らぬ」ものに注目し、必要以上に欲しがる心に原因がある。つまり「自分が持っていないものを欲しがり、自分以外の何者かになろうとする。そうした生き方をする限り苦しみは消えない」と老子は言うのです。

そうした不要な欲望や苦しみは捨て、自分がすでに持っているものに注目する生き方を選択し、満足する。それが「足るを知る」ということです。

もちろん、この言葉は「上を目指したり努力したりするのをあきらめろ」と言っているわけではありません。

あきらめの言い訳に使ったり、ないものに憧《あこが》れて必要以上に欲しがるのではなく、「自分の持って生まれた天分や才能を十分活かして生きなさい」と言っているのです。

「足るを知る」ということは「感謝の心を持つ」ということでもあります。

「意識を向けるものは拡大する」という言葉がありますが、「足りているもの」に注目すれば、そこに感謝が生まれます。「欠乏」をベースとした生き方から「感謝」をベースにした生き方への転換です。

そうはいっても、私も足るを知らずに、隣の芝生が青く見えてしまうことが多々あります。もっと何かを得たいと、与えられていることを忘れて欲望の渦に巻き込まれそうになることがよくあります。

しかし、振り返ってみるとそこには暖かい家があり、健康な体があり、今日食べるご飯がある。夕方、散歩をしての帰り道に、茜色《あかね》に輝く雲やきれいな花を愛《め》でながら自然の美しさに感動することもできる。お金も、暮らしていけるだけはある。いろいろな勉強会の仲間もいる。大学で若い人の育成にも携われる。

本当にありがたいことです。

「足る」ところに目を向けると、感謝の思いが湧いてきます。感謝の思いは、脳からはエンドルフィンやドーパミンなどの幸せホルモンを分泌させ、人を幸せに導くのです。

第３節 いつもご機嫌でいよう

① ご機嫌のメリット、不機嫌のデメリット

第3章の「ポジティブ心理学の幸福優位論」で説明しましたが、いわゆる「努力すれば成功する。成功すれば幸せになれる」という図式には問題があります。順序が逆だということです。

今現在をご機嫌で幸せだと感じるポジティブな感情が、心をリラックスさせて脳の働きを活性化させ、良いアイデアを生み出すのです。

そして、今がご機嫌なのですから、それを実行しようという意欲も高まっていて、高い目標にも挑戦できるようになります。これはフローを生む前提でもあります、ご機嫌な気持ちが人をフローに導き、結果的に高い成果につながるわけです。

そういう意味では、今、ここ、この時点でご機嫌であることの価値は計り知れません。

昨今、新型コロナの影響もありますが、街中を歩いていて周りの人に目をやると、「不機嫌そうにしているなぁ」と感じることが多々あります。

スマホを見ながら電車に座っている人を見ても、ご機嫌そうだと感じることはあまりありません。

日本人はあまり喜怒哀楽《きどあいらく》を表に出さないともいわれますが、それでも、堅苦しそうな様子や眉間《みけん》にしわを寄せた表情、肩を落として憂いに沈んだ眼差しなどから不機嫌な雰囲気が伝わってきます。

「不機嫌は最大の悪徳である」

これはドイツの文豪ゲーテが、200年前に著した『若きウェルテルの悩み』の中で主人公に語らせた言葉です。この言葉は真実であると私は思います。

自分の機嫌が悪くても気にしないという人はいますが、機嫌が悪い人とあえて一緒にいたいと思う人はいません。

諺に「朱に交われば赤くなる」とありますが、心理学では「機嫌はうつる」ことが知られています。自分の機嫌が周囲にポジティブやネガティブな場をつくり、その場の空気は、そこにいるすべての人に影響します。

まさに「ご機嫌に交わればご機嫌になる」であり、「不機嫌に交われば不機嫌になる」です。

そして困ったことに、ご機嫌よりも不機嫌の感染力のほうがより強力です。人間の脳はネガティブバイアスになっていて、ご機嫌ウイルスよりも不機嫌ウイルスの影響力のほうが大なのです。

どれほど機嫌のいい場であっても、不機嫌な人が一人いれば、その場の空気はネガティブに傾いてしまいます。私の会社勤めの頃を思い出してみても、そういうことはよくありました。

あるプロジェクトで仕事のミスが発覚し、全員が残業しなければならなくなったことがありました。

皆を鼓舞《こぶ》するために「みんなで頑張って機嫌よくやろう！」と提案し、やり始めたそのときです。誰かが「私のミスじゃないし、やってられない！」という、冷や水を浴びせかけるような発言をしました。そのためにチームは一気に気まずい雰囲気になってしまい、作業効率も下がってしまったことがありました。

「不機嫌ウイルス、恐るべし」です。

しかし、こういうときこそ、ご機嫌でいることの大切さを知る、私たちシニアの出番です。ユーモアなどを交えながら、ご機嫌な雰囲気を伝染させていくムードメーカーになってほしいのです。

シニアが率先してムードメーカーになって「ご機嫌」を伝播させることが、シニアの価値を高めることにもつながります。

2 ご機嫌でいるためのコツ

ご機嫌は人生の宝物です。ご機嫌な状態は、判断・選択行動、健康などのあらゆる人間としての機能を高めてくれる状態です。つまり、ご機嫌でいればチャンスも増えるし、結果も出しやすくなる。そして幸せを感じやすくなります。

それでは、どうすればご機嫌でいられるのでしょうか？

第3章で、ポジティブな感情を生み出すセイバリングなどを紹介しましたが、他にもポジティブ心理学者が提唱するやり方がありますので、紹介します。

前にも触れましたが、タル・ベン・シャハーは『ハーバードの人生を変える授業』の中で「ハピネス・ブースター（幸福感増幅行動）」を書き出すことを行動習慣化するという提唱をしています。

人は誰でも、例えばコロナ禍で行動が制限されるなど、「幸せをあまり感じられない時期」を経験することがあります。そういう状況であっても、ほんの少しでも自分を楽しく、あるいは幸せにしてくれるモノや行動はあるはずです。

「家族や友人と一緒に過ごす」とか「好きな本を読む」、「好きなアロマや入浴剤を入れてお風呂に入る」、「ギターやピアノなど好きな楽器を弾く」、「オンラインの飲み会や勉強会に参加する」……。

このように書き出してみて、1週間分のハピネス・ブースターのリストをつくるのです。

いつものハピネス・ブースターの他に、新しくチャレンジするものを加えて、お試しでやってみるのもよいと思います。

お試しの行動は、週に1回でもかまいません。それだけでも、日々の生活に活力が生まれ、有効な時間を過ごすことにつながります。

小確幸《しょうかくこう》という言葉があります。村上春樹さんのエッセイに出てくる言葉で「小さくてささやかだけど確かな幸せ」と言う意味です。

村上さんは「良い文章が書けたなあ」と言う日の午後においしいドーナツを頬張《ほおば》るとか、レアもののレコードをレコード屋で見つけてウキウキしながら円盤を磨《みが》いているときに小確幸を感じるのだそうです。ハピネスブースターとはこの小確幸に近い考え方です。

たびたび述べてきましたが、「時間は命」です。皆さんも命の洗濯ができるような「ハピネス・ブースター」に挑戦してみましょう。そして自分ならではの「ハピネス・ブースター」を見つけ出しましょう。

第4節 言葉の持つ力

①言葉がすべてをつくる

そして、さらに重要なのが言葉の力を意識すること。ご機嫌でいるコツは、よい言葉を使うことなのです。言葉について考えてみましょう。

第4章で、仲良し夫婦になるためには、感謝の言葉を口にしたり寝る前に感謝の言葉をノートに書き出したりすることが効果的だと、言葉の持つ力について述べました。

ご存じの方も多いかと思いますが、聖書の中に言葉に関する有名な記述があります。ヨハネによる福音書の最初の箇所です。

「初めに言（ことば）があった。言は神と共にあった。言は神であった。この言は初めに神と共にあった。すべてのものは、これによってできた。」

すべてのことが言葉によってつくられるということですが、昔から「言霊《ことだま》」といわれているように、実際に言葉には力があり、自己達成予言につながることがわかっています。また「よい言葉にはよい力があり、悪い言葉には悪い力がある」ということは、ポジティブ心理学でも証明されています。口に入る食べ物が体をつくるように、耳に入る言葉が心をつくるのです。

一流のアスリートはこの辺のところはよく知っていて、決して腐った言葉を発しません。言葉を選んで発しています。

以前、スポーツ記者がプロ野球選手のイチローにインタビューしたときのことです。「イチローさん、最近調子がよくないようですが、いかがですか?」と問われた彼は「ただ、やるべきことをやるだけです」とだけ答えて、決して否定的な言葉は使いませんでした。

最近では、言葉の力をビジネスに応用している会社も見受けられます。

竹田本社製菓事業部の「タマゴボーロ」は、製造工程で「ありがとう」と録音された子供の声を100万回も聞かせているそうです。そうすることで、口どけ滑らかなおいしい「タマゴボーロ」ができあがるそうです。

以前、会津若松の地酒を友人からもらったことがあります。酒の酵母に「ありがとう」「おいしい」などのポジティブな言葉を聞かせて醸造した酒だということでしたが、非常にまろやかな味がしました。

2 毎日の言葉が幸せに大きく寄与する

起きた出来事は過去へと流れていきます。

ところが、言葉だけは未来に影響を与えます。「人生は普段話している言葉どおりになる」といわれますが、言葉どおりのことが本当に起きてくるのです。

言葉を敵にするか味方にするかで、人生が全く違ってきます。私たちシニアは、今、発している言葉が私たちの未来の状態に大きく影響を与えていることを心しておくべきです。

つまり、私たちが口にする言葉は、宇宙に向かっての決意宣言のようなものです。毎日わが身に魔法をかけているのと同じことですから、自分が言われてうれしい言葉、望んでいる言葉だけを口にするようにすべきです。

嫌なこと、望んでいないことは、たとえ冗談でも口にするのは避けることが大事です。

言葉にはエネルギーがあります。困難を乗り越えることにも言葉は活用できます。気持ちが落ち込んだり、やる気が出なかったり、人生に迷ったりしたときに、自分を鼓舞する言葉を持っておくと役立ちます。

これは自分のお守りの言葉でもあって、サンスクリット語ではマントラといいます。本来は文字や言葉という意味で、日本の仏教では「真言《しんごん》（真理を表す秘密の言葉）」とも訳されています。

あくまで一例としてですが、私自身の「マントラ」を2つご紹介したいと思います。

●「新しい体験」と「感動」

私たちは「あの世」へ、自分が「この世」で獲得したお金や家、車などの財産を持っていくことはできません。唯一持っていけるのは、この世での新しい体験を通して得た学びや気づき、それに感動です。

私たちが何かに挑戦しようとするとき、心に不安がよぎることもあれば、結果にこだわるがためにプレッシャーがかかることもあります。

しかし、「たとえ失敗したとしても、それが自分の新しい体験や教訓となって自分を成長させてくれるのだ」と自分に言い聞かせながら、このお守りの言葉を口に出す。そうすると気持ちがとても楽になります。

感動とは、自分と縁ある人と分かち合うこともでき、自分の体験価値を増やすことでもあります。勇気が欲しいとき「人生は新しい体験と感動なのだ」と口にすることで気持ちが明るくなり、勇気を持って新しいことに挑戦することができるのです。

●「今、ここ、自分」

私はこの言葉のおかげで、今現在に集中してフロー状態になることが、かなりできるようになりました。

考えるまでもなく、私たちは過去や未来に生きることはできません。今の瞬間、存在している今この場でしか生きることはできないはずです。

それなのに、私たちは一週間前の嫌な出来事や、まだ起こってもいない未来の不安に心を持っていかれることがあります。

読者の皆さんは、現役で働いているときに、こんなことを体験したり見聞きしたりしたことはないでしょうか？

子供と公園に遊びに来て、自然の中を、手をつないで歩いているとしましょう。子供は「今、ここ」で、新緑や小鳥のさえずりなどの自然を満喫して楽しんでいます。

一方、お父さんの頭の中は「今、ここ」に集中できずに、例えば「この前の会議ではボコボコにされてしまったな」とか「あの上司の言葉は完全なパワハラだよな」といった過去の嫌なことに心を持っていかれる。あるいは「俺の将来は大丈夫だろうか」と、未来の不安に心を持っていかれています。

せっかくの子供との楽しいはずの時間を楽しめずに、嫌な思いで過ごしているのです。

こういう状態のとき、「今」自分を支配しているのは誰でしょうか？

嫌な上司の顔が頭に浮かぶのは、嫌な上司にコントロールされているからです。考えてみると、それってとても損なことではないでしょうか。

我が子と手をつないで歩けるのは、人生の中でもそう多くはない貴重な時間のはずです。時間泥棒という言葉もありますが、今の状態は嫌な人や嫌な出来事に自分の貴重な時間を盗まれているのと一緒です。

覆水盆《ふくすいぼん》に返らずで、もう過ぎ去ってしまったことに心を持っていかれて、自分を不機嫌にして、挙句《あげく》の果てに今の幸せであるべき貴重な時間を失ってしまうのは大損です。

そういう状態になってしまいそうになったときには、呼吸に集中するマインドフル瞑想をしながら、「今、ここ、自分」という言葉をつぶやくことにしています。

私たちは、今この瞬間を生きています。そして、よく考えてみると、次の瞬間は完全に自分で選ぶことができるはずです。

次の瞬間、過去に心を持っていかれるのも自由、未来の不安に心を持っていかれるのも自由、今ここで子供と一緒の時間を楽しむのも自由です。「次の瞬間に何を選ぶか」は、完全に自分でコントロールできるはずなのです。

３６４００、この数字は何だと思いますか？

これは1日の秒数です。私たちの生きている瞬間を秒単位で区切ってみると、毎日３６４００回も自由に選べる瞬間を持っています。

時間は命です。限られた時間を、過去の嫌なことや未来の不安に持っていかれることなく、自分にしかできない、自分がやるべき使命に集中して全力を尽くすことが大切です。

過去や未来ではなく、「今、ここ、自分」にしか打ち込めないことにご機嫌で取り組む。それが、私たち定年後シニアが人生を楽しく幸せに生きる秘訣なのです。

第5節

自分のレガシーを残す

① レガシーとは

読者の皆さんも「レガシー（Legacy）」という言葉を耳にしたことがあると思います。日本語では「遺産」と訳されます。

私はアメリカの製薬会社に勤めていたことがありますが、アメリカではよく使われる言葉です。

何人かのアメリカ人と接してみて感じるのは、彼らの多くは「自分の肉体がなくなっても、後世に残せるものは何か」と、自分自身に問いかけながら生きています。

アメリカ人にとっての「レガシー」とは、財産を残すというよりも「その人がどんな貢献をしたのか」「性格はどうであったか」「その人が残したエピソードは」といった、もう少し広い意味を含んだ言葉のようです。

「これが私の父のレガシーです」と紹介されたりします。「アメリカ人は、こういう社会的責任を感じながら生きているのだな」と妙に納得したことがあります。

私たちシニアにとって、お金として残す文字どおりの「遺産」もありなのかもしれませんが、いくらお金を稼いでも「あの世」に持っていくことはできません。

では、お金や家などの物質的な遺産ではなく、縁ある人々に、あるいは世の中に、私たちはどのようなレガシーを残すことができるのでしょうか。

一緒に考えてみましょう。

② 生きるために死を想う

「メメント・モリ（memento mori）」という言葉があります。ラテン語で「死を想え」「自分が（いつか）必ず死ぬことを忘れるな」という意味の警句です。

アップルの創業者スティーブ・ジョブズはこんな言葉を残しています。

「周囲の期待やプライド、バツの悪い思いや失敗の恐怖など、そういうものはすべて、死に直面するとどこかに行ってしまい、本当に大事なことだけが残るのです」

人生の目的を明確にするには、「自分の死を思い描くとわかりやすい」といわれています。それは、本当に自分が大切にしたいことがわかるからです。第2章でも述べましたが、「時間は命」であり、与えられた、貴重で限りある時間をダイヤモンドのように輝かせるためには、時間を正しく使うことが大切です。

そのための秘訣が、自分が死ぬときのことを想像してみることです。

第1章でも引用しましたが、『7つの習慣』という本の中で、「目的を持って始める」という習慣があります。自分のセルフ・コンコーダント・ゴールを考える習慣ともいえます。この習慣のワークに、自分の終わりのときを思い描く「弔辞《ちょうじ》の言葉」のワークがあります(図1)。

自分のお葬式を想像して、葬儀に参加するであろう、自分にとって大切な人、つまり家族や友人、仕事関係の人、コミュニティの仲間などに「どのような弔辞を読んでもらいたいか」を書き出してみるものです。

図1　あなたのお葬式

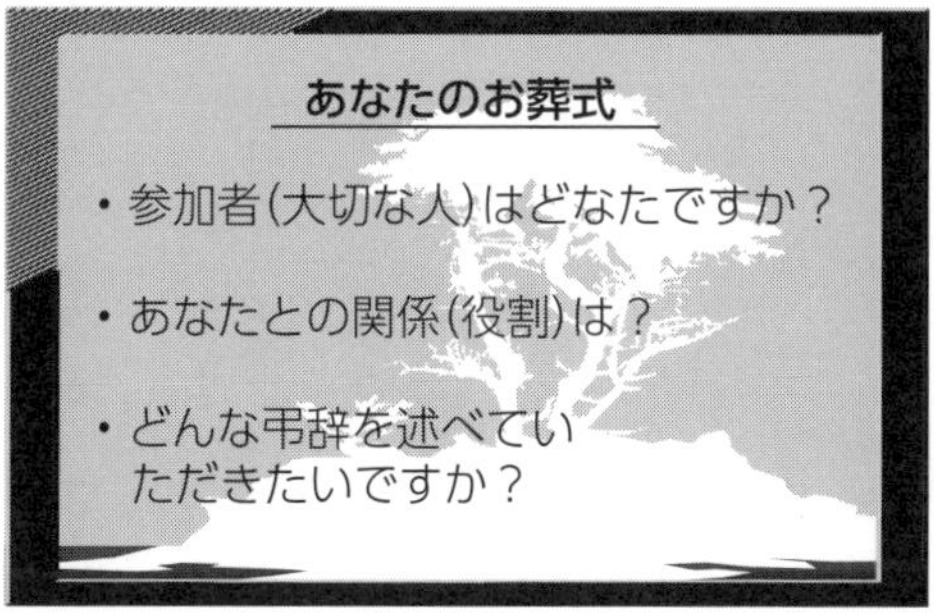
あなたのお葬式
・参加者(大切な人)はどなたですか？
・あなたとの関係(役割)は？
・どんな弔辞を述べていただきたいですか？

図2　弔辞の言葉

大切な関係	弔辞の言葉
役割: 大切な人:	
役割: 大切な人:	
役割: 大切な人:	
役割: 大切な人:	
役割: 大切な人:	
役割: 大切な人:	
役割: 大切な人:	

「参列者の記憶にどのように残りたいのか」という、いわば自分のレガシーを考えるヒントとなる、気づきの多いワークです。

図2に弔辞の言葉を書き出せるようになっていますので、トライしてみてください。これはセルフ・コンコーダント・ゴールを見つけるときにも大いに役立ちます。

図3　弔辞の言葉　著者の事例

大切な関係	弔辞の言葉
役割：夫 大切な人：妻	今世、一緒に暮らせてよかった。愛してます。また、会いましょう。
役割：父親 大切な人：子供たち	たくさんの体験価値を与えてくれてありがとうございました。一緒に旅行したこと忘れません。尊敬しています。
役割：コーチ 大切な人：経営者	人生の先輩として高所大所から的確なアドバイスいただき勇気と希望がわいてきました。ありがとうございました。
役割：親友 大切な人：〇〇君	しっかり聴いてもらい話をしていると、とても楽になった。いつも寄り添い、受けとめ、励ましてくれて感謝している。
役割：副理事長 大切な人：団体の理事	縁の下の力持ちとして、理事会や定例会をリードしていただきました。優しい笑顔が忘れられません。
役割：大学の講師 大切な人：受講生	たくさんの学びや気づきをいただき感謝しています。先生の授業いつも楽しみにしていました。
役割：趣味の仲間 大切な人：△△さん	いつも若々しく、ひょうきんで私たちを笑わせてくれました。楽しいお付き合いありがとうございました。

3 「本来の世界」で自分のレガシーを振り返る

ここでいうレガシーとは、「自分が生きた証《あかし》」ということです。

アメリカなどでは、お墓に自分のレガシーを刻みます。

例えば鉄鋼王アンドリュー・カーネギーは、「おのれよりも優れた者に働いてもらう方法を知る男、ここに眠る」と、自らの墓碑《ぼひ》に刻ませたといわれています。

「自分の墓碑に何と刻まれたいか?」「自分が死んだら、周りの人は自分のことをどういう人だったと思うのか?」ということを意識して生きているアメリカ人は多いようです。

もちろん、日本人のメンタリティはアメリカ人のそれとは全く違います。自己顕示欲がそれほど高くなく、「別にレガシーなんて残さなくてもよい」と思われる方のほうが多いかもしれません。

かくいう私も、わざわざ墓碑に何かを刻もうとは考えていませんし、別に名前を残そうとも思いません。ただ、せっかくこの世に生を受けたからには、私に縁のあった人に幸せになってもらうためのレガシーは残したいと思っています。

第2章で述べたように、私たちは誰しもが、「あの世」と呼ばれる本来の世界に戻ったときに「自分の一生をフラッシュバックのように振り返る」といわれています。

そのときには、「自分がこの世界で何を成し遂げたのか、何を残したのか」が重要になってきます。本来の世界に戻ったとき、光からこう問われるそうです。

「あなたは地上にいたときに、自分らしさを活かして世の中のためになることをしましたか?」

「あなたがいたことで、縁ある人が幸せになりましたか?」

「あなたがいたことで、地球が少しでも美しくなりましたか?」

ある意味、私たちの一生は自分のレガシーを残すための活動といってもよいのかもしれません。

「あなたはどのようなレガシーを残したいのですか?」

「そのために、残された生涯であなたは何をしたいのですか?」

再度考えてみてください。

④ あらためて「レガシー」とは

あらためて「レガシー」の意味を整理してみましょう。

レガシーとは、「あなたが人生の幕を閉じるときに残すお金ではなく、あなたがいなくなったときに人々に思い出されるもの」です。人生の終わりの直前に、あわててつくることはできません。あなたが「今現在の人生をどのように生きているのか」という延長線上につくられるものです。

特に、時間のたっぷりある人生の後半に「どのような生きがいを持って活動するか」が重要になってきます。

「一日一生」という言葉があります。私たちは毎日、「今日は何を残せたのか」と、今日一日のレガシーを考えてみてもよいかもしれません。

惰性《だせい》に流されない生き方が大切です。自己一致したセルフ・コンコーダント・ゴールに向かって、ワクワクと楽しみながら挑戦していくことこそが、結果的に自分らしいレガシーを残すことにつながるのです。

第2章で紹介した、終末医療を専門にしていたドクターから、患者さんが死ぬ前に語った後悔について聞いたことがあります。

大きく5つに集約できるとのことでしたが、この本の最後の「まとめ」として紹介しておきます。

1.「もっと、自分がやりたいことに挑戦すればよかった」

今からでも遅くはありません。「セルフ・コンコーダント・ゴール」を活用して自分が「本当にこの人生でやりたいこと」に挑戦してみましょう。

2.「もっと、愛する人に『ありがとう』と伝えればよかった」

人の命は、いつ何時どうなるかわかりません。伝えられるときに伝えておきましょう。

3.「もっと、健康に気をつければよかった」

健康寿命は大切です。健康に気をつけることは、自分の貴重な時間を伸ばすことにつながります。

第1章で紹介したセリグマンの幸せのフレームワーク、PERMA—VのV（バイタリティ）が重要です。

ウォーキングや水泳などの毎日の運動や、栄養バランスの取れた食事やダイエット、カラオケなどでのストレス発散、瞑想やヨガなどでのリラクセーションなど、いろいろな工夫をして自分の身体的なエネルギーを整え、健康でいられるようにしましょう。

最近の研究では、飢餓《きが》状態がサーチュイン遺伝子（老化防止の遺伝子）を活性化することがわかっています。「腹八分目に医者要らず」という諺もあるように、満腹まで食べることは控え、美味しいものを少なめにゆっくりとセイバリング（味わう）するようにしましょう。

4.「もっと、周りの人や社会に貢献して感謝されることをすべきだった」

「私たちは人や社会に親切にしたり、役立つことをしたり、『この世』での自分の使命を果たすときに幸福になれる」ということが、ポジティブ心理学でも証明されています。

ちょっとした親切や社会に役立つことを、自分のセルフ・コンコーダント・ゴールに盛り込みましょう。

5.「もっと、自分に忠実に生きればよかった」

私たちは、世間体を気にしたり、人に「ノー」と言えなかったり、「隣がこうだからこうしよう」という横並びの価値観に慣らされてしまっています。

スティーブ・ジョブズは、スタンフォード大学の卒業式に招かれたときにスピーチで次のように言っています。

「君たちの時間は限られている。だから他の誰かの人生を生きてはいけない。周りの雑音に自分の内なる声をかき消されないでほしい」

これは、若い卒業生に向けてのはなむけの言葉ですが、サラリーマン生活を卒業して新しいステージに向かって歩み出すシニアに対しても当てはまります。

他人の人生を生きるのではなく、「この世」で果たすべき本来の自分の使命に向けて挑戦していきましょう。

人生100年時代。定年後の私たちは、いろいろなしがらみから自由になり、幸せに活躍できる膨大な時間を有しています。

何度も繰り返しますが、「時間は命」です。この貴重な時間を持て余し、退屈して過ごすのは、本当にもったいないことです。

「キョウヨウ、キョウイク」がないと退屈して暇を持て余し、他人のことに鼻を突っ込んだり、愚痴を言ってみたり、時にはモンスタークレーマーになったりとロクなことはありません。

貝原益軒は『養生訓』で「人生の幸せは後半にあり。人生は後半の後半にこそ醍醐味がある」と述べています。私たちも、人生に残された貴重な時間を、ご機嫌かつ有意義に、フローの風を吹かせながらセルフ・コンコーダント・ゴールを追い求めて、生き抜いていきましょう。

おわりに

私は夜空に煌《きら》めく星を見るのが好きです。宇宙に煌めく数限りない星。私たちは宇宙の一員として、無限に近い星の中のある特定の星の影響を受けているような気がします。

地球という星で暮らしている78億人近い私たちそれぞれが、皆違った個性を持っている。だからこそ無限ともいえる星の中には、自分にいちばん波動の合う星が存在しそうな気がするのです。

私はこの地球で、楽しいことやつらいことも含めてたくさんのことを経験し、十分に味わい尽くしたら「次は最も自分の進化に適した星に移動するのかな」と思うことがあります。「地球での学びを終えたら、さらなる進化を求めて、いつかは自分の相性星へ行くこともあるのかな」と、煌めく星を眺めながら想いを馳《は》せることもあります。

人は星と関連が深いと思いませんか？

星占いもそうですが、生まれるときに「ある星のもとに生まれた」とか、偉大な人がなくなると「巨星墜《お》つ」といった表現をします。

生きる意味に関して、明治大学の諸富祥彦教授（心理学）の著書『フランクル心理学入門　どんな時も人生には意味がある』（コスモスライブラリー・1997）の中に次のような記述があります。

＊

どこまでも続くこのはてしない宇宙の中で、今、この時代、この地球の、この国の、この場所に、なぜか「私」が置き与えられている。

一見、単なる偶然に見える事実。しかし、考えてみれば、果てしなく続くこの時間と空間の中で、ほかのいつでもない、今・この時代、この時、ほかのどこでもないこの国この場所に自分が置かれていることには意味がある。

自分で選び取ったのではなく、気づいたときには選択の余地なくそこに定め置かれたからこそ、このことはただそれだけで、意味があると思わないではいられないのだ。

私たちは何をしてもいいし、何をしなくても構わないような存在ではない。私たち一人ひとりには、「なすべきこと」「充たすべき意味」が与えられている。

そしてそれと共に、今、ここに定め置かれている。

そしてその「何か」は私たちによって発見され実現されるのを「待っている」。私たちは常にこの「何か」によって必要とされ、それを発見し実現するのを待たれている、そういう存在なのだ。

「時間の秘密」のところでも触れましたが、これはナチの強制収容所を体験した『夜と霧』の著者として知られるオーストリアの精神科医、ヴィクトール・フランクルの心理学の要点をかいつまんで説明された一節です。

＊

私たち人間は、どこまでも「生きる意味」を問う存在です。

特に定年後という人生の後半にこそ、貴重な人生の残り時間を活用し、余生を輝かせなければなりません。「本当にやりたいことは何か？」「何に時間を費やすべきか？」を考え、チャレンジしていくこと。それこそが、幸せで充実した人生につながるのだと、私は確信しています。

繰り返しになりますが、「人生で最も幸福なのはいつごろか？」と問われたら、それは間違いなく定年後です。

人生100年時代が現実となり、多くの人はまだまだ健康で自分で動き回ることができるし、しっかり考えて判断することができます。家族を支え、友人を助ける力もあるでしょう。しかも30代40代のころのように仕事や子育てに追われることもなく、50代のように人生の新しいステージに対するあせりや不安も少なくなってくるからです。

人生100年時代をポジティブに生きるヒントは、何歳になっても自分の夢に向かってチャレンジしていくことです。「終わった人」にならないことが大切です。新しいことを始めるのに遅すぎることはありません。

たとえこの世で完成しなくとも、第2章で触れましたが、人はこの世で学んだことをあの世に持ち越すことが可能だからです。

「人生の幸せは後半にあり。人生は後半の後半にこそ醍醐味がある」という貝原益軒の言葉を思い出してください。

「始めるには今からではもう遅い」とあきらめるのではなく、「今日が一番若い日」と信じて、今トキメクことに向かって全力で挑戦してフロー感覚を味わってみてください。残された貴重な命の時間を有効に使ってチャレンジし続けてください。

そして、今の瞬間を楽しくご機嫌で生き抜いたら、私たちは誰もが最後には本来の世界へと旅立っていくわけです。

冒頭の「はじめに」のところで紹介した、私と仲の良かったドクターの言葉です。「死ぬ瞬間もある意味では一生に一度しかない『死ぬ』という体験なので、それを想像するとワクワクする」

究極の好奇心ですね。

かつて放映されていたTV番組の『オーラの泉』で江原啓之《えはらひろゆき》さんが、「あの世に持っていけるのは新しい体験と感動だけだ」と言っていた言葉を思い出します。人間にとって経験に勝る勉強はありません。「百聞は一見に如《し》かず」ならぬ「百聞百見は一験に如かず」というのは真実だと思います。

大往生、すなわち本来の世界へ移行するという新しい体験こそが、私たちの最後の新しい体験になるからです。

「一寸先は闇」といいますが、人生の後半をイキイキとトキメイて生き抜いた人にとっては「一寸先は光」です。光の世界へ帰ること、すなわち大往生こそが人生の目的だからです。

私たちはこの世では旅人に過ぎません。生きているということは光の国へ向かっての旅の途中なのです。私たちはある国から旅に出て、この世での目的を果たしたら、また本来の世界へと帰っていく存在です。

死は人生の終わりではなく、希望に満ちた素晴らしい門出。どうか、自分の心からやりたいことにチャレンジしながら、希望を持って定年後の老春を謳歌してください。

最後に推薦のお言葉をいただいた、インサイトラーニング株式会社の、箱田忠昭会長、量子力学の記述に関して、本からの引用を快諾いただいた村松大輔様、価値観ババ抜きの引用を快諾いただいた山口雅史様、共にポジティブ心理学の普及に情熱を燃やす、社団法人ポジティブイノベーションセンター代表理事渡辺誠様はじめ理事の仲間たちに感謝の意を表します。

合わせて、この本を書くにあたってアドバイスや励ましをいただいた産業能率大学出版部の坂本清隆氏、有限会社インプルーブの小山睦男氏に感謝申し上げます。

この本を結婚後41年もの長い間、献身的に尽くしてくれた最愛の妻、太田裕子に捧げます。

■ 参考書籍

・『大還暦』南雲吉則　大和書房
・『やり抜く力』アンジェラダックスワース　ダイヤモンド社
・『70 歳のたしなみ』坂東真理子　小学館
・『若者がうらやましがる老人になってやろう』帯津良一　海竜社
・『ハーバードの人生を変える授業』タル・ベン・シャハー　大和書房
・『マインドセット』キャロル・S・ドゥエック　草思社
・『生きがいの創造シリーズ』飯田史彦　PHP 出版
・『ツインソウル』飯田史彦　PHP 研究所
・『生きがいのメッセージ』ビル・グッゲンハイム＆ジュディ・グッゲンハイ（飯田史彦責任編集　徳間書店
・『NHK 心を読む 生きがい発見の心理学「自分」を生きる「運命」を生きる』NHK 出版　諸富祥彦
・『太陽の法』大川隆法　角川文庫
・『永遠の法』大川隆法　角川文庫
・『新相対性理論』百田尚樹　新潮社
・『自分発信で願いをかなえる方法』村松大輔　サンマーク出版
・『シルバーバーチは語る』348 - 349 シルバーバーチ 1 / 43 45
・『大事なこと』船井幸雄　ビジネス社
・『ポジティブな人だけがうまくいく 3：1 の法則』バーバラ・フレドリクソン　日本実業出版社
・『ポジティブ心理学の挑戦』マーチン・セリグマン
・『自己肯定感　ハーバード式ポジティブ心理学』成瀬まゆみ　宝島社
・『幸福優位 7 つの法則』ショーン・エイカー　徳間書店
・『フロー体験　喜びの現象学』ミハイ・チクセントミナイ著　世界思想社
・『話を聞かない男、地図が読めない女』アラン・ピーズ、バーバラ・ピーズ
・『シャーデンフロイデ』中野信子　幻冬舎新書
・『7 つの習慣』スティーブン・R・コビー　キングベア出版
・『不機嫌は罪である』斎藤孝　角川新書

■ 著者略歴

太田　哲二
（おおた　てつじ）

人材開発・組織開発コンサルタント
（株）サンクイット バイスプレジデント、社団法人ポジティブイノベーションセンター理事、NPO 法人日本プレゼンテーション協会 副理事長、元立教大学経営学部兼任講師

外資系の製薬会社で、学術営業、マーケティング、人材開発の仕事に従事、製薬会社勤務時代に仲の良かったドクターの影響でホリスティック医学やスピリチュアルの世界に関心を持つ。会社から派遣されイギリス留学、そこでスピリチュアリズムを体験する。帰国後、人材開発部門へ移動し、「7 つの習慣」や「ファシリテーション」、「EQ（心の知能指数）リーダーシップ」などの社内講師として研修の仕事に従事。他にも様々なセミナーや勉強会を企画したり講師を務めたりしながら学びを深める。定年後、研修講師、コンサルタントとして独立。現在「ポジティブ心理学」をベースとした人材開発、組織変革支援の仕事に従事している。鍼灸師の資格を持ち東洋医学にも造詣が深い。

書籍コーディネート：（有）インプルーブ　小山睦男

定年後からはじまる生きがいの創造
人生 100 年時代を生き抜くポジティブ心理学の教え　〈検印廃止〉

著　者　太田 哲二
発行者　坂本 清隆
発行所　産業能率大学出版部
東京都世田谷区等々力 6-39-15　〒 158-8630
（電話）03（6432）2536
（FAX）03（6432）2537
URL　http://www.sannopub.co.jp/
（振替口座）00100-2-112912

2021 年 9 月 30 日　初版発行

印刷・製本所／渡辺印刷

（落丁・乱丁本はお取り替えいたします）　ISBN978-4-382-15806-1